*Para los que se atreven y no renuncian
a su propia R-Evolución.*

*La vida es como nosotros queremos
que sea.*

*Avanzar, crecer, evolucionar, adaptarse,
transformarse sin dejar de superarse.*

*La mejor manera de comenzar es dando el
primer paso, así de simple, lo realmente
complicado es atreverse a hacerlo.*

*Si te esfuerzas ganas. ¡Cuando lo das todo
eres invencible!*

CHEMA MARTÍNEZ

R-EV. LUCIÓN

Aprende a avanzar en la carrera de la vida

*Descubre el camino
a tu mejor versión*

Prólogo de
**Iker
Casillas**

Editado por HarperCollins Ibérica, S.A.
Núñez de Balboa, 56
28001 Madrid

R-Evolución. Aprende a avanzar en la carrera de la vida
© 2021, José Manuel Martínez Fernández
© 2021, HarperCollins Ibérica, S.A.

Diseño de cubierta: Rudy de la Fuente
Ilustración de cubierta: Jesús Sanz
Foto del autor: Marcos Cabrera. @marcosphptosport

I.S.B.N.: 978-84-9139-562-1
Depósito legal: M-25872-2020

ÍNDICE

Prólogo

Muchas veces he escuchado que los deportistas estamos hechos de otra pasta. Pero más bien de lo que me he dado cuenta con el paso del tiempo es de que los entrenamientos y las competiciones nos preparan para los baches del camino que, antes o después, llegan.

Tanto Chema Martínez, en su vida como atleta, como yo, en la portería, hemos vivido momentos gloriosos, pero también muy complicados, y son esos los que nos han forjado para superar los obstáculos. De todas estas cosas nos habla Chemita en este libro, del que para mí es un honor ser prologuista.

Se ha hablado mucho de la soledad que marca la vida de un portero, y creo que se puede hacer extensible al deportista en general, porque, aunque tengas equipo, hay una parte, quizá muy íntima y muy profunda, que es la mental, que si no la tienes bien trabajada estás perdido. Es ese primer punto de partida, el primer peldaño, para poder avanzar y llegar a esa R-Evolución de la que se habla en estas páginas.

Recuerdo todavía cómo cuando era pequeño, apenas con cuatro años, ya jugaba con los chicos del barrio que tenían ocho. No me importaba que me doblaran la edad, porque tenía confianza en mí y sabía que se me daba bien. En ese momento ya me gustaba estar en la portería. Era un niño ágil que tiraba la pelota contra la pared, que emulaba las paradas de los porteros que estaban de moda y que soñaba con ser algún día como ellos. Creo que cuando tienes un talento acaba saliendo a la superficie, pero no es suficiente con tener esa cualidad, luego hay que potenciarla y trabajarla para no perderte en el camino.

Ahora las cosas han cambiado, ya soy padre, otra de las grandes R-Evoluciones de mi vida, y me doy cuenta de lo importante que es reforzar las habilidades de los hijos, apoyarlos, escucharlos y generarles esa confianza para que ellos también puedan desarrollar sus gustos y aficiones. Centrarnos en lo que hacen bien, ayudarles a llevarlo al máximo y no tanto en aquello que les cuesta más. Es decir, sacar brillo al talento de las personas, y en eso yo fui muy afortunado.

Hay varios puntos de inflexión que han marcado mi vida. Uno lo sitúo a los dieciséis años. Después de ese runrún que me acompañaba de poder formar parte del Real Madrid, me convocaron y todo lo que llevaba escuchando desde hacía años de pronto se hizo realidad. Supuso un cambio tremendo. Una carga de responsabilidad muy grande a una edad muy temprana, y ya ahí, de pronto, tuve una evolución distinta a la de mis amigos. Ellos empezaron a salir y yo ya estaba metido en otra película, consciente de que, según cómo jugara mis cartas, así sería mi futuro. Y mis sueños.

He tenido la fortuna de estar bien rodeado y mantener a mis amigos, los de siempre. Eso te ayuda a ser fiel y a que no se te olvide de dónde vienes ni quién eres, a estar centrado a la hora de disfrutar las victorias y preparado, como buen portero, cuando vienen los golpes.

Hay muchos desafíos y altibajos en la vida de un deportista: el vértigo de los sueños, el propio peso de la victoria… Son momentos que hay que saber encajar. Pasas de ser una persona anónima a que estadios enteros coreen tu nombre, y casi ocurre de la noche a la mañana. Saber que un gesto tuyo, que seas capaz de parar un balón, puede hacer llorar de alegría a mucha gente. Pero toda luz tiene sus sombras. Y un fallo te puede llevar a los infiernos. Por eso, en esa soledad en la que vivimos, es tan importante mantener la cabeza fuerte, bien amueblada, y ver siempre el vaso medio lleno. Me gusta pensar que todo es para bien.

La vida es un proceso evolutivo constante. Ocurre que te lesionas o de pronto tienes un problema de salud y te obliga a parar en seco, a recuperarte. Son esos momentos en los que sientes la soledad, en los que te entran todas las dudas a la vez, pero tienes que decirte «arriba y apuesta por tu potencial» y toca reinventarse y ponerse otra vez en marcha. Los sinsabores, las críticas, las lesiones y los instantes duros que he tenido en mi vida han sido grandes maestros. De pronto estás en lo mejor y te sacan de tu zona de confort, todo se tambalea y tienes que pelear por mantener el equilibrio como un buen funambulista. He de decir que me han gustado los retos, las lesiones fueron los grandes muros que me permitieron hacerme también con la victoria de una lucha mental y de destruir mis miedos.

Algo clave para avanzar es el optimismo. Siempre me he sentido muy querido, el cariño de la gente me ha llevado en volandas tanto en los momentos buenos como en los menos buenos, de ahí mi eterna lucha por ser la mejor versión de mí.

Además, los deportistas tenemos una enorme responsabilidad: ser el espejo en el que mucha gente se mira. En mi carrera deportiva he recibido numerosas cartas de personas que estaban pasando situaciones realmente duras, historias complicadas en las que sus protagonistas me tomaban como referente para salir adelante. No podemos permitirnos el lujo de quedarnos atrás, no podemos estancarnos, hay gente que cree en nosotros. Para mucha nuestra profesión hace que su mundo sea un poquito mejor. No hubiese sido justo que en alguno de estos momentos difíciles me hubiese quedado lamiendo mis propias heridas y hubiera tirado la toalla, no. Aunque sea por toda esa gente a la que, por unas horas, conseguimos sacarles de su tristeza, tenemos que responder haciendo lo que mejor sabemos hacer y hacerlo de la mejor manera posible. Seguir funcionando mientras se pueda, saltando obstáculos, reparando averías y adaptándonos a los nuevos tiempos.

El factor suerte también influye, pero la suerte ha de ir acompañada del trabajo. He trabajado mi suerte y, además, he creído en ella, incluso cuando parecía que me abandonaba. Por ejemplo, con mi problema de salud, hay muchos que se quedan por el camino y yo, por suerte, sigo aquí. Veré qué nos encontramos mañana, pero sea lo que sea, por muy alta que sea la montaña, trataremos de escalarla, de aprender de cada obstáculo y, seguramente, una vez llegue a la cima, sea una persona nueva. Mudar la piel como las serpientes tantas veces como sea necesario para adaptarse a los nuevos tiempos, esta es la verdadera R-Evolución.

Ahora estoy inmerso en un nuevo punto de inflexión en mi carrera deportiva. Soy consciente de todos estos aspectos que han sido fundamentales en mi vida: la responsabilidad, el optimismo, el compartir… Y me doy cuenta de que tengo que agarrar el timón y coger, quizá, un nuevo rumbo que me permita continuar en el que ha sido mi hábitat durante tantos años: el fútbol. Es en este medio donde me gustaría seguir reinventándome. Empezar a trabajar desde otro plano diferente, aportar mi granito de arena en el ámbito deportivo, fuera de la portería. Un reto en el que ponga en práctica todo lo que he aprendido durante estos años. Encarar un nuevo desafío dentro de la gestión del deporte que me permita aprender más aún y seguir caminando, en esta ocasión, dejando atrás mis guantes de portero. En definitiva, me gustaría devolver al mundo del fútbol todo lo que esta disciplina me ha dado, que ha sido mucho.

Mi filosofía de vida es dejar de lado los miedos y decir siempre sí a los retos, y, si no los encuentro, no cesar en su búsqueda. Uno tiene que tener siempre una pasión que le sirva de motor y ahora mi motor es ayudar al mundo del fútbol de una forma diferente, plasmar mis ideas en el juego, aplicar lo vivido como jugador y mi experiencia como espectador, que también lo soy. Me gusta ver el juego, disfrutar y que haya un reto o una diversión, que haya un esfuerzo.

Hoy puedo decir que estoy contento conmigo mismo, con todo lo conseguido tanto en el club como en la selección, y ahora he llegado a un punto en el que tengo que reinventarme. Tengo la experiencia acumulada de haber estado escuchando con los ojos siempre muy abiertos, atento a lo que me decían los profesionales y amantes de este mundo. Para aprender, uno tiene que estar dispuesto a escuchar, y yo lo estoy. Además, creo que siempre he estado muy bien acompañado, tanto en el fútbol como fuera de él, y de estas personas sigo aprendiendo día a día. No debemos pensar que ya lo sabemos todo. Hemos de ser humildes y ver la vida como el eterno aprendiz. El que cree que todo lo sabe, nunca aprenderá nada nuevo.

Hay otro sentimiento que me ha acompañado a lo largo de mi carrera: el agradecimiento. Tengo que dar las gracias al fútbol, a los que han estado junto a mí en mi trayectoria, a las victorias y a cada una de las piedras con las que me he topado en mi vida porque han hecho de mí lo que hoy soy.

En esta ocasión quiero darle las GRACIAS, con mayúsculas, a Chema Martínez por pensar en mí, por poner este libro en mis manos y por ser un referente en el arte de reinventarse, con sus locos retos deportivos para muchos de nosotros.

IKER CASILLAS

EN UN TRIUNFO CABEN MUCHAS DERROTAS

Se habla mucho del éxito. Y de la felicidad. Ahora, en estos tiempos que corren, nos hartamos de darle la vuelta, del derecho y del revés, a las palabras, de ponerlas en valor y de analizarlas.

¿Sé yo lo que es la felicidad? Diría que, si se pudiera tocar, la he tocado. La he tocado en forma de medalla, de podio, de meta inalcanzable, de superación, de hacer posible lo imposible, de cambiar la vida en décimas de segundo, o menos, porque la de un corredor cambia en milésimas de segundo. Las que son infinitas, eternas y a la vez fugaces, y capaces de transformarlo todo. Las mismas que abren la llave mágica al triunfo más absoluto con el que llevas soñando desde siempre o te cierran la puerta al esfuerzo, al sacrificio de años, y te quedas fuera de la que creías la competición de tu vida. Así, microfracciones de tiempo, microsecuencias de tiempo, que serían imperceptibles en una vida normal, en el tiempo real.

Sé que las cosas se viven de manera distinta a como las proyectamos. Y sé, eso seguro, que en la juventud a mí la felicidad me vino sola, como las sonrisas, de forma natural y espontánea por el camino del deporte.

Pertenezco a una generación que se crio en la calle. De chaval recuerdo esa niñez unida al deporte y el deporte entendido como un juego continuo, donde la imaginación tenía un papel fundamental porque nos hacía infinitos. No teníamos otro entretenimiento. Así que jugábamos al *hockey* con un palo que encontrábamos en el parque y que usábamos también con una pelota de tenis para jugar al béisbol.

Como todos los niños de entonces jugué al fútbol. A tantos de esos partidos interminables que como era lógico —¡lo más lógico del mundo!— al final ganaba el último que metía gol, aunque fuéramos dieciséis a uno.

Tuve la suerte de vivir una época en la que la tecnología no se había apoderado de nosotros y la imaginación nos hacía alargar todo lo que podíamos las tardes de verano.

Fútbol, baloncesto, balonmano… Nunca, nunca jamás en aquellos años, se me pasó por la cabeza que pudiera dedicarme al deporte de alto nivel. Lo que sí sabía era que me hacía feliz. La paradoja de la felicidad. Cuanto más la sentimos, menos conscientes somos de ello, y cuando nos apartamos de ella —normalmente al crecer y llenarnos de otras preocupaciones—, es cuando la queremos conseguir y más complicado se vuelve. Esa espiral eterna.

A los once años gané mi primera carrera. La primera de muchas, pensarás. Es lo que uno cree cuando se trata de un atleta profesional, pero en un triunfo caben muchas derrotas. Como en la vida. Es la primera lección que, una vez aprendida, te hace crecer y ser fuerte. Te da la perspectiva vital imprescindible.

Quien vive en el éxito constante, se destruye con más facilidad.

Durante aquellos años correr fue un juego, una manera de ponerme la capa de Superman y volar dentro del rol que adquiría entre los chicos, como niño que era. Muy curioso. Los años felices, los días felices, explorando un mundo sin saberlo, porque no lo sabía.

Jugaba a correr y crecía. Era un muchacho con cuatro hermanos, en una familia en la que el deporte no se vivía en casa. Era un hogar de fumadores en el que nunca se respiró el amor por el ejercicio. Ahora me resulta más sorprendente todavía todo lo que vino después.

Mi padre murió hace dos años y aún recuerdo que hubo un tiempo en el que le costó asimilar mi pasión por el atletismo, la entrega absoluta, sin límite en ocasiones, porque lo cierto es que en mi caso se volvió una obsesión. Cuando quiero algo soy exageradamente disciplinado porque lo quiero todo, no me vale con una parte, y eso tiene sus consecuencias. Recuerdo también que cuando llovía no me dejaba salir a entrenar. Tengo muchas anécdotas como esta que ahora rememoro con cariño. En la última etapa de su vida fue cuando más valoró todos mis esfuerzos, cuando de verdad puso en valor lo que significa ser un deportista de alto nivel, quizá cuando entendió esos años en los que yo me dediqué a entrenar, a cuidarme... Me agrada que ahora parte de la familia tenga gusto por correr. Y ni te cuento mis hijos, aunque los dejo libres. No puede ser de otra manera.

Llegué al deporte tarde, pero de la misma forma que mis padres no lo impulsaron, tampoco lo frustraron. Esa fue la clave. Y cuando llegó mi momento, ese talento estaba íntegramente por explorar.

Me acerqué a lo que después sería mi primer sueño por la parte académica, porque estudié INEF, y allí se me abrió un universo que me atrajo como un imán. Había una fuerza imperiosa que se hizo conmigo. Me deslumbró lo que vi; cómo se preparaban aquellos deportistas, el mundo que todavía no me pertenecía, pero que día a día tuve más claro que era el que quería para mí.

Habían pasado siete años desde aquella primera carrera ganada. Mis amigos andaban explorando otros ambientes, tomando sus copitas, corriéndose sus juergas, alargando las noches... Mi camino era otro, aunque no tenía claro qué sería lo que vendría después.

Según avanzaba la carrera se fueron descompensando los tiempos que dedicaba a cada cosa. Saqué la licenciatura, sí, pero cada vez empleaba más horas a entrenar y menos a los estudios. Y así empezó todo.

Vinieron después años compitiendo como deportista de alto nivel. En ellos, e incluso antes, la vida se fue encargando de marcarme a fuego. En mi caso me fue delimitando las experiencias vitales con los números, como si los hubiera ido tejiendo por fascículos, atando los cabos a etapas muy determinadas a unas emociones y a unas experiencias que definirían claramente mi carrera y mi vida.

Empezó todo por el once. Es el número que me hace viajar a mi infancia, a aquellos tiempos en los que correr era jugar, el despertar de los sentidos, jugar era divertirse y disfrutar del tiempo libre, que era una eternidad.

Ya te he dicho que once fue la edad con la que gané mi primera carrera sobre asfalto y once fue con el dorsal que corrí. Quizá ahí ya se me metió dentro y muy hondo el veneno de la competición, pero todavía no lo sabía. Aún no tenía la menor idea de lo que serían sueños cumplidos y frustraciones, ni una dedicación tan exclusiva a lo que en principio comenzó de esa manera tan casual, tan innata, a ese darte cuenta de que te ponías a correr y dejabas a los demás atrás. Esa íntima diversión de verte ganador jugando.

Era feliz de forma espontánea, natural, cuando la felicidad no necesita ser procesada porque la tienes en tus manos, de una manera lúdica, corriendo y en diferentes deportes mientras iba descubriendo, poco a poco, ese talento que latía a pesar de que le quedaba tiempo para florecer.

Te he comentado que el cambio de mentalidad me llegó cuando empecé a estudiar INEF. Lo deportivo le ganó la partida a lo académico y la balanza se dio la vuelta. Aquello fue un flechazo. Jamás pensé que lo iba a ver con tanta claridad. Fue mi toma de contacto con el Centro de Alto Rendimiento y digamos que, de alguna manera, entró en mi vida el número veintisiete —justo el número de capítulos que tiene este libro. No podía ser de otra forma—.

En la prueba que más he encajado ha sido en la de diez mil metros. En ella es donde he encontrado mi gran talento. Soy un corredor de veinticinco vueltas a una pista de cuatrocientos metros. Es donde más cómodo me he sentido y donde he sido capaz de mostrar todo mi potencial. Una prueba que he dominado tanto que me he convertido en el atleta de raza blanca que más veces ha bajado de los veintiocho minutos. Algo que es tremendo, dado que hoy en día casi ningún deportista español consigue esa proeza.

Siempre me ha gustado aceptar retos, y en 2002 me propusieron echar una carrera a un autobús de la EMT —por supuesto, de la línea 27—. Y es curioso porque, aun habiendo sido campeón de Europa de diez mil, ahora soy más conocido por haber ganado a un autobús que por haber sido corredor.

El veintisiete se convirtió en otro tatuaje de mi vida, aunque no lo llevara impreso en la piel. Este número no solo eran los minutos que transcurrían en las carreras de diez mil, sino el broche de atreverme a hacer la carrera con el autobús, de alguna manera el afán de intentar compartir mi mundo con la gente y una forma de transmitir el amor por el deporte, de intentar llevarlo a la calle y recomendarlo como modelo de vida sana.

Mi vida continúa hasta el cuarenta y dos. Dejé de ser corredor de diez mil y me hice corredor de maratón. Cuarenta y dos kilómetros y ciento noventa y cinco metros. Curiosamente me retiré con cuarenta y dos años. ¿Y dónde me retiré o dónde se supone que me retiro? En la maratón de Nueva York. ¿Y qué dorsal me dieron? El número cuarenta y dos. ¿Y con cuántas internacionalidades me retiro? Ahí está: con cuarenta y dos.

Mira que he sufrido unas cuantas perrerías a lo largo de mi carrera: campeonatos a los que no he ido, ocasiones en las que no he podido acudir porque estaba lesionado… ¡Y me tengo que retirar justo con cuarenta y dos internacionalidades! Así que este número se ha convertido a la fuerza en otro afín a mí.

En la Cope, que es una emisora referente, llevo once años trabajando en un programa, *Km42,* y forma parte también de esas huellas que tengo en la piel. Terminó mi vida en el más alto nivel, aunque luego te contaré con más exactitud cómo, porque una cosa es lo que tú planteas y otra lo que el destino tiene reservado para ti.

Una vez que cerré esa etapa, la más costosa de mi vida, a la que me dediqué al doscientos por cien, comprendí que detrás de esa había otras. Solo había que tener la capacidad, la ilusión y las ganas de seguir descubriéndolas. Seguir avanzando en ese proceso de aprendizaje constante que es la vida, que nos hace darnos cuenta de que, cuando nos creemos que lo tenemos todo aprendido, hay que volver a empezar. Y al revés, cuando todo acaba, hay un hilo del que tirar para comenzar de nuevo.

Lo cierto es que soy una persona que me muevo por datos, lo cronometro absolutamente todo. Los lugares donde corro los tengo marcados a la perfección y sé dónde está el kilómetro uno, el kilómetro dos… Me pasa lo mismo en cualquier ciudad a la que voy. Tengo en mi cabeza los kilómetros que hay de distancia, el tiempo que tardo en llegar a un punto determinado. Todo lo establezco con estas coordenadas, y ante la pregunta que me hicieron hace mucho tiempo ya, cuando acababa mi vida deportiva en el alto nivel, de cuántos kilómetros había podido recorrer a lo largo de mi carrera, les contesté que no lo sabía, pero que lo podía llegar a contabilizar porque lo tenía todo apuntado.

En esa labor de recopilar y sumar datos salió una cifra de ciento sesenta mil kilómetros en los dieciocho años que había estado compitiendo en el alto nivel. Es una cifra importante. Para que te hagas cargo de lo que supone, la vuelta a la tierra son cuarenta mil kilómetros. Es decir, que hice durante ese tiempo cuatro veces la vuelta al mundo corriendo. Esto tiene un problema cuando se lo intento explicar a mis hijos, que mi hija Daniela me lo pregunta y lo que más le interesa es saber qué hacía cuando cruzaba el Atlántico... ¡Cuatro vueltas al mundo y otra más desde que dejé el alto nivel hasta hoy! Es decir, ya he superado los doscientos mil kilómetros.

Y no ha acabado ahí, porque mi próximo destino es la luna. Si el hombre pisó la luna, yo también estoy convencido de que puedo hacerlo. Si hay cerca de trescientos mil kilómetros, me mueve la ilusión, la eterna ilusión, de poder llegar a ella. Fue un gran paso para el hombre y sería uno bonito para mí. Así que próxima parada: la luna. Es un objetivo más de esos que están en el horizonte.

Durante estos años de atrás, en los que competía en el alto nivel, yo no hacía ultras —son las pruebas que van más allá de la maratón—. Ahora sí. Estas las he hecho mientras me aguantaba el cuerpo y me lo permitía, porque creo que es la prueba más épica, más mítica del atletismo, donde se sufre más. Se hace tremendamente dura, tiene tras de sí una aureola de esfuerzo. He encontrado en los ultras un modo de seguir avanzando, ¡y sufriendo!

Es verdad que mi vida deportiva ha ido desde los tres mil hasta la maratón pasando por el *cross*. Pero voy a serte sincero, he dejado de ser deportista de alto nivel no porque yo haya querido, sino porque el deporte profesional decide por ti, te echa, te elimina de su jerarquía. Sin embargo, creo que yo he ido evolucionando. Sigo siendo deportista, sigo siendo persona y creciendo, aunque mis capacidades y mis talentos hayan mermado, he encontrado y descubierto otros que me hacen feliz. Y de ahí el sentido de esa evolución, de ese paso más, de esa necesaria huida de vivir del pasado.

Ahora estoy en busca de mi número mágico. Del ayer se aprende, pero no se puede vivir. Hay que sacar a flote ese poder ilimitado que tenemos de reinventarnos y llegar a esa revolución interior que mejore cada vez más nuestra versión. Yo te acompaño en ese proceso. ¿Te unes a mi R-Evolución?

1
Definir el momento presente

Hay instantes en los que conviene detenerse, sentarse, liberarse de los prejuicios y ver con claridad cuál es nuestro punto de partida. Definir en qué momento nos encontramos.

En su día, un punto mío de partida fue ese en el que jugaba en las calles y experimentaba, me divertía y sentía la felicidad reciente por el deporte. También lo fue cuando entré a estudiar INEF —ahora llamado CAFYD—, y descubrí el maravilloso mundo de la alta competición. Me deslumbró y jamás he conseguido separarme de él.

Una de las cosas más importantes es saber diagnosticar la realidad. Yo hubo un tiempo que me creía eterno, y pensaba que, si seguía entrenando, si seguía esforzándome de igual forma, podría continuar haciendo lo mismo que cuando tenía veinte o treinta años. Quizá por no contar con gente en mi entorno que me fuera acercando a la situación real, porque desde donde yo estaba ni lo veía ni quería verlo.

Hay muchos deportistas a los que esta situación les pasa factura —incluso se han dado casos de suicidios— y personas que no lo han sabido gestionar bien y han acabado metidos en las drogas. Es duro dar ese paso, porque no somos capaces de asumirlo. El alto nivel es un mundo complejo en el que estamos inmersos durante años, al que poca gente tiene acceso, pero que tiene una fecha clara de entrada y, por supuesto, otra de salida. Y no hay más, por muchas vueltas que le queramos dar.

Precisar una fecha para decir adiós es complicado, primero por la aceptación del propio deportista, porque estamos siempre planeando el siguiente reto. Sabemos que se acerca el final, pero nos cuesta asumirlo y no pensamos en ello; no es algo tangible. De hecho, si pienso en mi caso, nunca he dicho «me retiro». Nunca jamás. A mí me ha retirado el alto nivel —me ha asegurado: «Macho, ya no vales para nosotros»—. Se da por hecho porque ya no acudo a ese tipo de competiciones, pero sigo entrenando siempre que puedo.

¿Cómo definiría entonces mi situación actual? Soy un exdeportista que no deja de entrenar y que esta mañana se ha hecho diez kilómetros, que ha dedicado un buen rato a hacer pesas y que esta tarde también irá a correr. Yo por fin sé dónde estoy y ya no me hace falta ir a los grandes campeonatos.

Es curioso, pero cuando entreno —o en algunas otras situaciones—, hay mucha gente que me saluda, que me pita con el coche, y pienso que gran parte de ella no me ha visto correr, no me ha visto en la plenitud, en el esplendor, no me ha visto cuando corría con el corazón, cuando no me dejaba ganar, porque nunca me he hipotecado, jamás me he asegurado una plaza de finalista para saber que iba a tener la seguridad de una beca. Siempre he peleado por ganar. ¡Si me hubieran visto cuando era un «asesino»! Aunque en verdad esa lectura de vida es mi forma de vivir. Lo aplico a cualquier cosa, es el gran bagaje que me ha dejado el deporte: que sigo afrontando así la vida, como si fuera una especialidad nueva. Me entreno, me esfuerzo, tomo decisiones, utilizo la estrategia más adecuada y me implico al cien por cien en cada cosa que hago como hacía antes en mi disciplina.

Un deportista de este tipo vive, vivimos, fuera de la realidad. Es otro mundo que está al alcance de muy pocos y es difícil que la gente lo conozca. Creo que no llegamos a ser capaces de pasar esa barrera y mostrarlo. Un deportista de alto nivel dedica su vida al deporte las veinticuatro horas al día y los siete días de la semana. Me explico: entre entrenar, descansar, organizar la siguiente rutina de entrenamiento, controlar la dieta y volver a entrenar se nos va la jornada. Y así de lunes a domingo. Sin descanso. Vivimos tan inmersos en esa espiral, que intentar incorporar algo que se salga de ello —por mínimo que sea— es tremendo.

Durante aquellos años igual tenía un evento al mes, no más, y si debía hacer una sesión de fotos estaba una semana antes dándole vueltas. Ahora todo ha cambiado. Necesitamos más exposición, pero existen asesores que nos ayudan a llevar estas cosas, a organizarlas. También te digo que para que un deportista funcione de verdad y consiga competir con los mejores, los mejores del mundo, creo que no hay otra forma, tiene que ser así. Trabajo, trabajo y trabajo. Y estar dispuesto durante un tiempo a hipotecar parte de la vida.

Metido en esta vorágine, dar el primer paso fuera es el más complicado para el deportista. El día después de dejar el alto nivel te das cuenta de que comienza otra etapa, de que tienes un nuevo punto de partida. Debes hacer una transición, y, si eres capaz de ir haciéndola poco a poco, si eres capaz de adelantarte, de visualizar lo que antes o después está por llegar, mejor. Por eso el consejo que doy a los chavales que destacan es que estudien, que se formen y se preparen; que se puede, que no pasa nada.

Como te he dicho, a mí la vida académica me hizo enamorarme de la deportiva y luego seguí estudiando, con mis tiempos, a mi ritmo. En distintos momentos hice tres másteres con la idea de ir amortiguando el «golpe» de ese aterrizaje. Me dieron la posibilidad de becarme al cincuenta por ciento en la Universidad Europea y aproveché la oportunidad. Después hice el máster de Periodismo y también uno en Gestión y Dirección Deportiva.

Hoy tengo claro que lo que más me gusta es la comunicación. Ahora estoy abriendo un abanico de posibilidades. Trabajo en la radio y me encanta, en la tele, en la revista *Runner's*. Estudio *marketing* y desearía mejorar mi inglés, porque es fundamental. Tengo que plantearme qué pasará el día que no pueda seguir corriendo, anticiparme a lo que pueda pasar. De momento he encontrado un equilibrio, uno que no sé si valdrá a los demás, pero es el que me vale a mí. Ya no soy deportista de alto nivel, pero voy a carreras que tengo opciones de ganar y sigo peleando con los mejores.

He sabido entender cómo funciona el mundo del deporte. Dadas mis cualidades, encuentro retos y estímulos que me hacen tener energía para entrenar y sentirme bien. No soy capaz de correr tan rápido como antes, pero sí de aguantar más tiempo, aunque vaya más lento.

Hoy por hoy no he alcanzado mi techo en cuanto a capacidad deportiva. Estoy haciendo cosas ahora que no pensaba que haría. En casos concretos —no todo el tiempo, porque soy consciente de mi situación y de que si me enfrentara todo el año, no ganaría— sigo teniendo protagonismo todavía en muchos retos y quiero aprovechar esos momentos para ganar. Quiero seguir siendo el principal protagonista de mi vida, eso me estimula. Sentirme ganador y pelear por las medallas me supone un plus de energía y de ilusión. Con lo cual, aún no he llegado a «aterrizar» al otro lado, por decirlo de alguna manera. A veces las cosas no son blancas o negras. Yo he sabido identificar cuál es mi momento, el equilibrio perfecto que vale para mí.

> **Hacer una radiografía sincera de uno mismo, de cuál es el tiempo del que se dispone, de cuáles son las aptitudes, las condiciones físicas y los posibles talentos hace dar pasos importantes.**

Por ejemplo, ahora mismo me encuentro muy bien, estoy cansado todos los días, pero me siento en forma. Este año tenía la posibilidad de volver a correr una gran maratón y hacer una buena marca, que podría haber sido récord del mundo de mi edad, pero para mí no era estímulo suficiente, porque era una carrera en la que dejaba de tener papel protagonista. Iban a estar corriendo los africanos y los españoles jugándose la plaza en los Juegos Olímpicos y yo iría a estar justo detrás. ¿Me compensaba? No. Mi subconsciente amenazaba con traicionarme y decirme que podía, pero no sería verdad. Esos dos o tres minutos que para otras personas no son nada, para nosotros es un mundo. Entonces, ¿qué he hecho? Renunciar. Aceptar mi realidad, aceptar mi situación, que es difícil, aunque esté entrenando, aunque me sienta bien, pero renunciar a fijarme ese objetivo y asumir que yo ahí no pintaba nada. Prefiero buscar un objetivo en el que saque brillo a mi trabajo, a lo que soy, a mi estado, y lucir más. Me gusta brillar. Tengo que potenciar el talento que me queda para florecer. Es fundamental tenerlo claro y hay que hacerlo con lo que tengas y con lo que seas. Asegúrate de tomar las decisiones correctas, acorde a tu realidad, sin dejarte llevar por la euforia de momentos concretos, y para eso es clave que definas bien cuál es tu punto de partida.

Mi punto de partida aquí y ahora sería el de una persona normal. Comparto mi vida desde hace veintiséis años con Nuria, mi mujer, y tengo tres maravillosos hijos: Paula, Nicolás y Daniela. Estoy en mi versión 4.8 y he tenido la suerte de ser un deportista de alto nivel que en un momento determinado tuvo éxito, pero sobre todo muchos fracasos. En mi formación no solo he dado prioridad a la faceta deportiva, también a la académica dentro de lo que mi tiempo me ha permitido. Soy un padre de familia con unas obligaciones y alguien que trata de difundir lo que ha sido mi vida en el deporte al mundo de la empresa, siempre como prescriptor de salud.

El deporte como modelo educativo hace mejores a las personas.

Trabajo como periodista en la radio, en *El Partidazo,* y hemos sido capaces de hacer un programa de salud en uno de fútbol. Fuimos pioneros y hoy somos líderes.

En el mundo editorial soy director técnico de la revista *Runner's* y sigo corriendo, que es mi pasión. Y mientras me acerco a la versión 5.0 —a la vuelta de la esquina—, me preparo con todas las herramientas que encuentro a mi alcance.

Cada versión que está por llegar quiero que sea mejor que la anterior. La inquietud es lo que nos hace no renunciar a seguir construyendo el futuro con un presente cada vez más evolucionado. Soy una persona completa en el deporte, porque lo he vivido desde distintos puntos y es una visión muy enriquecida.

Tal vez no te sientas directamente identificado conmigo porque nuestras vidas han sido diferentes —en mi caso el motor ha sido el deporte; en tu caso puede que sean las finanzas, los negocios, la innovación o cualquier experiencia vital—, pero seguro que hay puntos de encuentro, como los que yo he tenido en mi vida deportiva y fuera de ella.

Te invito a que hagas una pequeña reflexión. Lo que nos une es el deseo de construir el futuro con fuerza, y para eso la clave es la formación. No vale con tus cuatro años de carrera y a mí no me vale con mis años de alto nivel. Debemos seguir actualizándonos porque el mundo cambia, porque el mundo se mueve. Es un proceso vivo, dinámico, y hay que estar alerta a los cambios que aparecen todos los días. Por eso, nunca pierdas el contacto con esa realidad.

2

LA TRASCENDENCIA
DE HASTA DÓNDE LLEGAR

Te pongo en situación. 7 de agosto de 2002, Múnich. La fecha es inolvidable para mí. Había quedado campeón de España en *cross* en Vitoria en el mes de marzo. Mi objetivo lo tenía claro y me había preparado a conciencia para ello: quería, soñaba y deseaba una medalla en el Campeonato de Europa, a pesar de que en mi fuero interno ansiaba el oro, aunque con un bronce me valía, porque sería mi carta de presentación internacional. Ese era el objetivo por el que llevaba entrenando la temporada y mi vida. Me sentía muy bien y, sobre todo, no tenía miedo a ganar. Sí, miedo a ganar.

Ser ganador es otro problema de los deportistas. El miedo a verte ganador porque se incrementa la responsabilidad, porque tienes que tomar decisiones y hacer el mejor papel; es el peso del protagonista. De pronto la carrera recae sobre ti. No tiene nada que ver ir el primero o el octavo en el grupo. Tienes que dirigirla en función de tus posibilidades y tu objetivo. Alguien que no es capaz de tomar decisiones, seguramente nunca gane y se quede en un deportista mediocre por ese atenazamiento a dar un paso adelante. Es lo que diferencia a unos de otros. En la vida, en cualquier disciplina. Si te arriesgas a ganar es un salto al vacío en el que puedes perderlo todo, y en ese todo en muchos casos está la beca y dejar de percibir ingresos al año siguiente, pero también dejar de sentir la gratificación de la victoria.

Era un deportista que se estaba formando, que iba cumpliendo objetivos acordes a una progresión real, pero que jamás había ganado antes una carrera internacional de ese calibre. Si nunca has llegado a un puesto de finalista, es imposible pensar en ganar un oro. De ahí que la intención fuera alcanzar una medalla según la experiencia, según el aprendizaje. Era un objetivo alto, pero realizable.

Durante la prueba jugué a ganar. Así durante las veinticinco vueltas. Habíamos hablado incluso con los atletas españoles que si la carrera iba muy lenta, intentaríamos hacer labor de equipo. Era consciente de que no podía quemar todos mis cartuchos, sabía que si tenía que tomar la decisión de la victoria, debía estar lo más fresco posible en ese momento.

Estuve bien colocado todo el tiempo, no me dejé influir por la presión del estadio, ni por la lluvia ni por el favorito, que era el alemán Dieter Baumann. Conseguí mantener la posición idónea, la concentración, controlé el ritmo; tenía claro que podía hacerlo, pero debía jugar bien mis bazas y tenía que hacerlo en el momento óptimo, porque las balas en una carrera son muy limitadas y, si no aciertas, lo puedes perder todo.

Mantuve esa concentración y fui capaz de ir leyendo lo que sucedía durante la carrera. En esas veinticinco vueltas me daba cuenta de que mis posibilidades de ganar crecían. Lo notaba en cada vuelta y despejaba las dudas a cada zancada, cada paso en realidad era de gigante en mi interior. Cada vez me encontraba más fuerte. Todavía no sentía el miedo a ganar.

Cuando quedaban dos o tres vueltas quedábamos cuatro. Y ya te he contado cuál era mi objetivo: quería la medalla, por lo que sobraba uno. Ahí estaba un campeón olímpico de maratón, Baldini, y un campeón olímpico de Barcelona en cinco mil. No era fácil. Quedaban dos vueltas. Entramos en la última, era el momento definitorio. Empezó a acelerar el español y se fue quedando atrás el italiano. Cuando quedaban trescientos metros fue el instante en el que me jugué el órdago y me dediqué a ganar. «Voy a echar el resto. Lo que me queda. Quiero ganar. Ganar y ganar», me dije. Me desnudé. Di todo. No podía esperar más, no podía guardarme más. Era mi momento, los metros de mi vida. Cambié de ritmo y no volví a mirar hacia atrás. Quise apretar hasta donde me llevara la carrera, mi cuerpo, la cabeza, mi propia decisión y mi locura.

Llegué a meta el primero. Conseguí ganar y me llevé el oro. Puedo recordar todavía hoy esa sensación. Inmensa. No vivo de recuerdos del pasado, pero la felicidad de ese instante fue tremenda. Sufrida, gozada, sudada, padecida… Insuperable. En ese momento lo tuve todo. Fue absolutamente de oro. Para mí queda. La meta real era la medalla. Pero esto ocurrió una vez; glorioso, pero no representativo.

> **La carrera de un deportista, y la de cualquier persona, está formada de unos pocos éxitos y de muchos fracasos.**

Por eso es importante que aprendas a construir bien los objetivos a los que te quieras enfrentar. Es de las cuestiones más complejas, porque, además, está en juego que en el intento no te frustres. Debes analizar con sinceridad de dónde vienes y adónde deseas llegar. Tienes que definir un objetivo lo suficientemente estimulante, sin ser tan excesivo como para que te lleve al fracaso, y debes saber aceptar tu momento.

Soy partidario de que esos objetivos sean realmente alcanzables, porque no te puedes plantear algo imposible y alejarte de la realidad. La complejidad tiene que venir dada por tu experiencia en el objetivo: pasar de cero a diez en un instante de entusiasmo no suele dar buenos resultados.

Soy una persona optimista, ya te irás dando cuenta, y tiendo a lo irrealizable y a creer que lo voy a conseguir, pero luego rebobino y pienso en las cosas que son reales, examino la situación, veo el tiempo que le puedo dedicar y analizo esa curva de la emoción. Por tanto, deja pasar el entusiasmo y vuelve al equilibrio emocional, porque tomar decisiones cuando estás eufórico lo más probable es que te lleve a un camino erróneo.

Alrededor de ese gran objetivo yo me planteo unos microobjetivos flexibles que voy acomodando según varíe mi realidad. Las metas están vivas y como tal hay que tratarlas, por eso tienen que ser modificables según las dificultades que te vayas encontrando. Si estás haciendo una carrera y ves que el ritmo elegido no es el idóneo, tendrás que cambiarlo para no fundirte. Es la garantía de llegar con cierta salud mental y física al final.

Esto es aplicable absolutamente a todo; creo que es un indicativo de inteligencia. Por ejemplo, en mi mundo, en el mundo de los kilómetros, imagínate una marca que ha lanzado una zapatilla al mercado con una evolución sobresaliente por la incorporación de una placa de carbono en su suela que, junto con la ligereza y la densidad, proporciona una mejora del rendimiento que está en torno al cuatro por ciento. Ante esto, si fuéramos la competencia, ¿qué haríamos? Habría dos posibilidades: seguir como siempre y no rectificar o parar todo y adaptarse a los nuevos cambios, que están testados y funcionan. Hemos de ser capaces de dar la vuelta a la realidad porque el mundo cambia. Esto mismo me lo dijo Paolo Vasile en una cena:

—La vida cambia. Mira a tu hijo. Tú estás todos los días viéndole y no le ves crecer, pero deja de verle una semana y te darás cuenta de cuánto ha cambiado.

Y es cierto, porque dejamos de tener contacto con la realidad. No dejes nunca de contactar con lo que está pasando fuera. El mundo es un proceso vivo y por eso los objetivos que te marques tienen que estar muy bien hilados, da igual del tipo que sean: profesionales, personales, deportivos o empresariales, aquellos que quieras conseguir o mejorar en un momento determinado de tu vida. No pierdas de vista lo que está pasando en el exterior mientras tú también evolucionas. Dos evoluciones paralelas que se tienen que ir encontrando en el camino para que el objetivo tenga equilibrio y el éxito deseado.

3
El talento oculto

El talento es algo tan curioso, tan libre, tan íntimo, que nos puede llevar toda una vida y no encontrarlo, a pesar de que creo firmemente que todos tenemos alguno, incluso varios. Algo que nos hace diferentes, que nos da un superpoder para destacar. Puede ser una capacidad, una habilidad para realizar de manera innata o para llevar a cabo una actividad. Se supone que el talento es hacer una determinada cosa sin que nos suponga demasiado esfuerzo.

Esto del talento suena bien, como si en verdad hasta yo lo hubiera expresado de manera que solo con tenerlo fuera una fuerza extraordinaria como para atraer todo lo bueno, todos los éxitos, uno detrás de otro. Y no es así.

El primer problema del talento es detectarlo, saber cuál es. A veces requiere un viaje interior para descubrirlo y, en otras ocasiones, como fue la mía, es otra persona quien ayuda a descubrirlo. Sea como sea, el talento es la primera parte de esta película, luego viene realmente lo difícil. Y esta es la del trabajo, la del esfuerzo, la de la dedicación para sacar lo mejor de ese talento, para no frustrarlo y reventarlo a mitad de camino de lo que podría llegar a ser.

Cuántas veces nos preguntamos qué hubiera sido si... Yo a veces lo hago. Qué hubiera sido en la vida si no me hubiese topado con unos vecinos a los que les gustaba salir a correr y si no hubiese desarrollado el hábito de correr con ellos. Fue así, con ellos, como destapé mi talento. De manera anecdótica y fortuita. A mí me gustaban, ya lo he comentado, todos los deportes, pero esta disciplina me descubrió que podía llegar a ser excepcional, aunque en ese momento no tenía la menor idea.

Una vez descubierto el talento —o cierto talento— se abren un buen puñado de factores. ¿Cuánto quieres potenciarlo? ¿Estás dispuesto al sacrificio total? ¿Hacia dónde quieres ir? Tampoco es fácil encontrar a esa persona o a un equipo cualificado que sepa guiarte y que te diga, que te explique, que te asesore y te haga ver que si sigues ciertos pasos puedes llegar hasta donde te propongas. En realidad, los caminos a veces son muy inciertos, diría que demasiado. Cuando pasa el tiempo es cuando de golpe comprendes muchas cosas. Pero ya han ocurrido, ya no se pueden reescribir, eres mero espectador o contador de tu propia vida, y hablas en pasado. Es útil para actuar de ahora en adelante. Eso siempre sirve.

En mi caso hubo unos años en los que era consciente de que tenía cierto talento para correr, y lo que hice fue no taparlo ni esconderlo. Hacía carreras, pero también otros deportes, y me servía para poner los peldaños de mis primeros sueños. Fue la etapa en la que, ¡qué curioso!, llegué a imaginarme que saldría en televisión corriendo. Era un «flashazo»; otro fue que vestiría la camiseta de España compitiendo.

Luego está la vida que nos regala momentos impagables en los que somos capaces de cumplir esos sueños de niño. Ahora, a mis cuarenta y ocho años, no tengo más que pensamientos de agradecimiento por lo que a mí me ha dado. Siento que todos los esfuerzos han tenido su recompensa.

Es difícil cuantificar el talento. ¿Cuánto puedes tener y hasta dónde te puede llevar? A mí nadie me dijo: «Si sigues hasta aquí conseguirás esto o lo otro». La suerte que tuve es que, en mi época de adolescente, la gente que me rodeaba no eran profesionales en el mundo del alto nivel, pero sí eran buenas personas. No eran entrenadores capacitados para hacer florecer ese talento, no eran los mejores jardineros por decirlo de alguna manera, pero no me marchitaron, lo dejaron estar hasta que llegó mi momento. Por eso se retrasó quizá todo en el tiempo. Otros, con dieciocho años, estaban ya curtidos en mil batallas y yo, sin embargo, comenzaba, deslumbrado por todo lo que me iba encontrando.

Ya lo he dicho antes. Cuando empecé a estudiar INEF y vi cómo trabajaban los deportistas de alto rendimiento fue el momento en el que me di cuenta de que eso era lo que yo quería para mi vida. Durante esos años ocurrió algo que retrató a la perfección la evolución de mi vocación: cada vez estudiaba menos y entrenaba muchísimo más. La balanza se descompensó dejando en evidencia mis intereses reales y el verdadero motivo que me había llevado hasta ahí. La transformación. Y eso que apareció algún trago duro, porque durante el primer año me lesioné una rodilla y, como todavía no era un profesional, tuve que pasar por el canal normal médico, no el de los deportistas, y eso supuso que se me fueran ocho o nueve meses hasta que me pude operar del menisco. Engordé doce kilos y después me lesioné la otra rodilla. Los avatares normales a lo largo de una carrera deportiva. Ahora, que han pasado treinta años y sigo corriendo muchos días por los mismos sitios —¡cuántos kilómetros habré hecho ya!, ¡cuántas vueltas a esa pista!—, no dejo de sentir algo especial. Allí fue donde se detonó ese crac dentro de mí capaz de desencadenar todo. Ese todo que, hoy, ya retirado de la alta competición, no ha acabado.

Si hay un talento que me ha dejado el paso del tiempo y, además, que más me ha sorprendido porque no pensaba que fuera capaz de desarrollarlo así, ha sido la fortaleza mental. No creía que fuera tan fuerte para lo malo y para lo bueno.

Toda la vida nos pasamos descubriendo capacidades, que con esfuerzo y con trabajo, podemos desarrollar y vivir de ellas.

Ahora, por ejemplo, yo he descubierto que soy capaz de comunicar, cosa que en otro momento ni me hubiera imaginado. Por eso te invito a estar atento, a hacer ese viaje interior para que te descubras.

Por lo rápido que trascurre todo, debemos tomar decisiones cuando somos jóvenes, aunque no siempre tenemos las herramientas necesarias. Normalmente, y en muchos casos, la genética nos va dando pistas, en esos antecedentes se puede descubrir los talentos con más facilidad, como si nos vinieran más establecidos. Si tus padres son los dos atletas es más sencillo que sepas identificar si tú tienes su talento que descubrirlo por ti mismo. No obstante, también es primordial que seas una persona abierta y receptiva, capaz de desarrollar la habilidad de ver cuándo te encuentras cómodo, en qué momentos tienes cierto protagonismo, qué cosas puedes hacer diferentes al resto. A veces no sabes el motivo, pero haces cosas mejor que los demás. Igual que yo no sabía por qué iba más rápido que el resto cuando corría y los dejaba atrás.

En ocasiones la vida nos da la oportunidad de descubrir dónde tenemos ese punto diferencial que nos hace sentir bien y vernos más capacitados para solventar problemas en unas áreas que en otras. Hay personas a las que se les puede ir la vida entera sin descubrirlo y otras, bien porque lo hagan ellas de manera directa o a través de otros, les ponga un foco sobre aquello en lo que sobresalen.

Muchas veces no somos conscientes de nuestras capacidades. A estas alturas de mi vida yo sé que podía correr muy rápido sobre todo en diez mil, pero lo que no sabía era que iba a estar corriendo cien millas de forma ininterrumpida mucho más lento y que iba a ser capaz de superar tres o cuatro muros —esos momentos de dificultad que aparecen en los ultra—. En esas situaciones tan duras y tan diferentes, ni me imaginaba que pudiera brillar. Me doy cuenta de que tengo potencial en el mundo del deporte haciendo florecer ese talento en otra vertiente. Hay unos límites que te marca el cuerpo, pero la mente te da distintas fortalezas que ni te imaginas. He desarrollado otras habilidades que antes creía impensables. Quizá he desarrollado un talento dentro de otro talento.

Todos tenemos alguna habilidad, el principal problema es descubrir cuál es la que te hace diferente a los demás. En esa búsqueda, cuando seas capaz de definir dónde está, serás más feliz. Existe un camino marcado a través del aprendizaje y las experiencias que nos da las claves y que nos lleva a conquistar el éxito, que en mi caso es poder seguir haciendo lo que me gusta.

La vida es una evolución constante. Una revolución. No acaba a los veinte, ni a los treinta ni a los cuarenta. No acaba nunca, siempre y cuando estés dispuesto a reinventarte.

4

UN MONSTRUO DE CUARENTA Y DOS KILÓMETROS Y CIENTO NOVENTA Y CINCO METROS LLAMADO MARATÓN

Te voy a contar una historia que bien podría ser la de un fracaso —o la de muchos—, pero hay que saber leerla para darle la importancia real, pues en verdad se ha ido configurando en la historia de los cuarenta y dos.

Si empezamos por el final, si quisiéramos poner un buen broche a todo esto, podríamos situarnos en el mes de agosto de 2010, Barcelona. Ya era consciente a esas alturas de que me estaba asomando al final de mi carrera deportiva, de que las balas, esas de las que te he hablado antes, se estaban agotando; ya no me quedaban oportunidades, me encontraba ante el último tren, ese que sabes que, o te montas en él, o te va a pesar durante mucho tiempo. Los hay que son definitivos.

Para que te pongas en situación, habían pasado ocho años desde la medalla de Múnich y me faltaba tener una internacional en la prueba de maratón. Había logrado medallas y éxitos en los diez mil, pero debido a mi exceso de ímpetu, a mis ansias, lo cierto era que no había conseguido los resultados soñados para los que me había preparado año tras año en las maratones.

Siempre me he puesto metas muy altas y eso me ha acompañado durante toda mi carrera. En este caso, había algo especial. Quizá al principio me marcaba objetivos más ajustados a la realidad y después acababa por ser más duro conmigo mismo y eso me abocaba al fracaso. Preparaba maratones y a todas acudía con la firme intención de batir el récord de España y del mundo, y esto me conducía a no conseguirlo. Sin embargo, los comienzos fueron exactamente al contrario. Mi primera mejor marca en maratón fueron dos horas, nueve minutos, cincuenta y seis segundos. Para un atleta blanco hacer ese debut en esa distancia suponía que iba a estar llamado entre los grandes y pelearía con los africanos. Todo hacía presagiar un futuro prometedor. En mi segunda maratón, en el año 2002, hice un tiempo de dos horas, ocho minutos, nueve segundos. La bomba. A partir de ahí caí en la trampa. Pensé que las maratones estaban tiradas, que no tenían secretos para mí, porque no le veía el problema. Esos cuarenta y dos kilómetros eran algo conocido, no me daban miedo, no me asustaban, no había sucedido nada extraño, me sentía cómodo y, por supuesto, todavía no había aparecido ante mí ese muro que me complicaría la vida durante los siguientes años una y otra vez, a pesar de mi empeño, a pesar de mi preparación, a pesar de todo. En ese momento —¡qué ingenuo todavía!— yo debía pensar que aquello iba a ser algo parecido a un camino de rosas, algo sencillo, que había preparada una alfombra roja para mí.

Si bien es cierto que había conseguido grandes éxitos en la prueba de diez mil, la de maratón me hacía bajar a la tierra una y otra vez. Prepararme para tocar el cielo y descender a los infiernos. Querer volar y desplomarme. ¡Yo!, que creía que lo tenía todo ganado, que había pensado que esto era fácil, ¡en qué momento!

Después de haber cosechado esas dos buenas marcas, la evolución lógica en una cabeza sensata —al menos lo fue en la mía— era pensar que sería un deportista de maratón brillante, extraordinario, galáctico, fuera de lo normal. Imaginaba que después de conseguir una de las mejores marcas del mundo en mi segunda maratón había puesto punto final a la etapa de los diez mil para pasar a otra. Nuevos objetivos. Pero después de ese año 2002, cada vez que me enfrentaba a una maratón, fallaba. Bien por exceso de ímpetu, bien porque el objetivo era irreal, bien porque tenía que dar el ciento uno por cien de mi potencial. La realidad es que se convirtió en una prueba que no llegaba a dominar y siempre había un imprevisto que me ponía en una situación incómoda y no me dejaba llegar al objetivo marcado. Pasé de dominar la prueba de los diez mil a encontrarme con muros, de manera que cada maratón era una batalla perdida.

Mantuve un combate con ella que me llevó hasta tal punto que tuve que pedir una tregua, sacar bandera blanca y recular a ese lugar en el que me sentía seguro, que era en los diez mil. En 2006 no había cubierto las expectativas, así que regresé a las veinticinco vueltas que dominaba, a tomar las decisiones correctas.

En los años 2003 y 2004 me preparé para acudir a los Juegos Olímpicos de Atenas en la prueba de maratón, corrí en Tokio, pero fallé —no conseguí hacer la marca mínima— y corrí los diez mil en Atenas.

En esa época el canal de televisión Eurosport estuvo narrando mi vida durante todo el año cada semana, porque fui uno de los ocho deportistas seleccionados por la proyección que tenía de cara a las Olimpiadas, y el único español. Daban por segura mi presencia en los Juegos. Pero fue imposible. Otro fracaso.

Como he dicho, volví a los diez mil. Suponía una vuelta atrás, porque me había creado demasiadas expectativas, no había evolucionado lo necesario como atleta o no tenía la confianza suficiente. Lo único que tengo claro ahora es que fue un camino complicado. No afrontaba una maratón lisa de cuarenta y dos kilómetros y ciento noventa y cinco metros. Era una llena de obstáculos, y cada vez se me hacían más grandes. Al final resultó una batalla dura y cruel en la prueba en la que estuve inmerso durante años. Se estableció una relación de amor-odio. Quería triunfar en una maratón, me veía con potencial, pero la realidad me situaba en otra dimensión y en todas las pruebas había motivos, a veces externos, para que el objetivo fijado se distanciara de mí: malas condiciones o la estrategia de otro deportista era mejor que la mía. En cualquier caso, yo no acababa de funcionar como quería y el monstruo de la maratón era cada vez más grande, más terrible.

En esa evolución, en esa vuelta atrás de la que te he hablado y que a veces ayuda a construir desde el conocimiento, asumiendo lo que tienes entre manos —en este caso, entre pies—, llegó París, donde lo había puesto todo. Me había estudiado el circuito, había viajado allí, lo conocía muy bien, sabía dónde la maratón se rompía y fue justo en ese punto donde yo me rompí también.

Después de no ir a los Juegos Olímpicos de Atenas en la disciplina de maratón, lo intenté de nuevo en Helsinki en 2005. Si no recuerdo mal me traicionó la humedad, pero de una manera o de otra la realidad es que volví a fallar.

Llegó 2006 con esta trayectoria y el momento de tomar una decisión sobre mis objetivos. Mi duda era: ¿me presento a los diez mil o me preparo para la maratón? ¿Qué crees que hice? Apuesta. Quería una medalla; siempre he sido más de medallas que de marcas. Me da la impresión de que la medalla es el fruto del trabajo, lo que queda, el testimonio del esfuerzo, de lo logrado; las marcas están ahí, pero de otra manera.

Gotemburgo, 2006. Día y hora para resolver mi propio conflicto que, en verdad, venía arrastrando desde hacía años. Mi solución fue apuntarme a las dos pruebas, así, a las bravas. En mi cabeza, el hemisferio izquierdo me decía: «Ve a por la medalla, Chema» y el derecho me instaba a no conformarme, me decía que las cosas no siempre salían mal. Me sentía superseguro.

Corrí la prueba de diez mil y la toma de decisiones fue brillante y todo salió fenomenal. Logré una plata que me supo a oro, porque hice una buena lectura de carrera, a pesar de que hubo un deportista que usó sus recursos mejor que yo. Y mi siguiente idea fue rizar el rizo, realizar una proeza, dar rienda suelta a mis infinitos sueños y correr también la maratón, que era cinco días después. Estuve ese tiempo intentando recuperar el cuerpo y la mente con todas las medidas que tenía a mi alcance, con masajes, con frío… No me quería quedar con las ganas de intentarlo y no me quedé.

Para mi desgracia fue una carrera a cambios de ritmo y estuve hasta media maratón en el grupo de cabeza. No me encontré bien físicamente, tenía vómitos y al final, en el kilómetro veintitantos, tuve que retirarme. La decisión fue más fácil porque ya tenía mi medalla y lo único que me había faltado era escuchar el himno, pero la maratón me había vuelto a ganar la batalla y el monstruo de cuarenta y dos kilómetros, que en un primer momento me sedujo y me engañó, luego me hizo, ya he dicho, la vida imposible.

Me enfrenté a ello sabiendo que era una locura, pero quería pasar a la historia por hacer cosas diferentes y, ahora, con el paso del tiempo, me quedo con esa actitud, aunque me llevara al fracaso o a lo que socialmente entendemos por fracaso.

Hay que intentar las proezas porque marcan el carácter y nos definen mucho más que los logros.

Eso queda para siempre, aunque en ese momento no hayas conseguido lo que te hayas propuesto. A veces los objetivos son carreras de fondo y ni lo sabemos.

En 2008 llegó Pekín y por fin ¡gané la maratón de Madrid! Es la única que he ganado en toda mi vida. Cuánto tiempo, cuántos kilómetros, cuántos esfuerzos, cuántos sinsabores, cuántas complicaciones… Me creía que al fin empezaba a tener una buena relación con esa señora increíble y que era capaz de seducirla.

Fui a China y, ¡cómo no!, quise quedar campeón olímpico, mi gran sueño. Lo afronté en la prueba de maratón y lo volví a intentar con las máximas aspiraciones. A tope en la preparación; me encerré dos meses en Sierra Nevada, me fui a entrenar a nivel del mar para adaptar el cuerpo a las condiciones de humedad, al calor. Hice una media de doscientos veintiún kilómetros a la semana durante las catorce previas a los Juegos. Viajé a China antes para el tema de la polución; es decir, asumí una disciplina total con el fin de llegar en las mejores condiciones sin dejar nada al azar, e hice la prueba de maratón para ser campeón olímpico, no me conformaba, no quería ser finalista, no era lo que me podía satisfacer, lo quería todo.

Corrí la maratón, y en el kilómetro seis tuve que tomar una decisión porque hubo un cambio de ritmo y pasamos de ir a veinte por hora a hacer un mil mucho más rápido. Y de pronto dejamos de ser ciento cincuenta deportistas. Brutal. Miré a mi alrededor y vi que estábamos solo cinco africanos y yo. En ese momento me dije: «Ostras, yo quiero ser campeón olímpico». Pero había otros cinco que también lo querían ser. Miraba hacia atrás y no había nadie más, habíamos marcado una gran diferencia. Mi cabeza de superhéroe me repetía una y otra vez: «Tú tienes que estar aquí».

Pero llegó el error. El error de mirar el reloj, porque ahí sí que lo miré, porque sabía que había perdido el control de mi ritmo. Miré el reloj. Maldito. Dos minutos cuarenta y ocho segundos. En ese momento mi mente se llenó de cifras. Cifras que se multiplicaron. Se adelantaron. Cálculos. Mi cabeza, en ese instante, era una puñetera calculadora. Mientras mi cuerpo avanzaba, era como si fuera capaz de desdoblarme. Dos minutos cuarenta y ocho segundos por kilómetro. A más de veintiuno por hora. En el kilómetro seis de la maratón. A las siete de la mañana. Con treinta grados de temperatura y con más del setenta por ciento de humedad. Qué locura. ¿Hasta dónde me estaba llevando mi sueño, mi ambición?

Tenía que ser honesto, quería ser campeón y no valía hacerlo con la mente. La carrera me iba a llevar adonde ella me dirigiera.

El siguiente kilómetro nos pusimos a dos minutos cincuenta y un segundos. Por mi cabeza seguían multiplicándose las cifras y adelantándose a lo que me iba a esperar al final, en una prueba en la que había tenido tantos enfrentamientos. Y los había perdido.

Hasta el kilómetro diez fue todo muy bien y al menos conseguí ser campeón olímpico de diez mil en la prueba de maratón. En el dieciséis se acabó mi sueño en cuanto al oro. Creo que terminé en la posición catorce en dos horas, catorce minutos, pero mi sensación de satisfacción fue máxima, porque no renuncié ni un solo segundo, ni en la planificación, ni en el entrenamiento ni durante la carrera.

Volvamos al principio. Al comienzo de esta historia. Barcelona, año 2010. Era el deportista abanderado de España. Me encontraba en plena madurez deportiva. El último gran tren. El nivel había subido mucho y donde nosotros teníamos más posibilidades era donde no estaban los africanos. Me sentía cómodo con la presión de ser abanderado y hasta con el miedo de no hacerlo bien por última vez.

Corrí y jugué a ganar desde el principio, desde el primer metro. Las condiciones eran duras. Un 10 de agosto. El circuito tenía cuatro vueltas de diez kilómetros, hacía treinta grados, llevábamos hielo en las gorras. Desde el primer metro estuve atento a los movimientos de la carrera.

Ser abanderado me hacía mucha ilusión, era como si viviera con más intensidad todo. Intensidad y optimismo, una mezcla perfecta cuando por delante te esperan esos cuarenta y dos kilómetros. Los gloriosos. Los malditos. Quedé subcampeón y quedamos campeones por equipos. Sin embargo, el mejor premio de todo este tiempo en la élite es haber sido capaz de superar tantas dificultades. La vida de un deportista, al igual que la de cualquier otra persona, está llena de ellas. Creo que es imposible esquivarlas. Te las vas encontrando por el camino y cuando crees que el enigma lo tienes resuelto, lo vuelves a empezar. Es el gran misterio. Y si no mira mi ingenuidad con las maratones en mis comienzos. Hice las paces con ella justo ahí, en Barcelona, pero nada dura para siempre y no tardó en volver a darme la espalda.

A veces no elegimos nuestro destino. Incluso no sé si el destino nos elige a nosotros. Yo había pensado acabar mi carrera en las Olimpiadas de Londres. Cuando era pequeño, y creía que tener cuarenta años era lo más de lo más, siempre decía que deseaba que por esa etapa se celebraran unos Juegos en Madrid y entonces yo, que a mis cuarenta ya sería supermayor, participaría. La realidad es que el tiempo llega luego de una manera distinta a como te lo habías imaginado y a esa edad me sentía muy en forma e iba a ir a los Juegos fueran donde fueran.

Pero no siempre decide uno mismo sobre los acontecimientos de la vida, y una lesión me dejó fuera. Un deportista vive pocos momentos en los que todo sale perfecto y mucho menos en los que el propio deportista lo valore como tal. Si has logrado hacer marca personal siempre hay un pero, es como si cuando estás en lo más alto no se valoraran cosas que en realidad son muy importantes. Y lo que de verdad hay que aprender a catalogar son los mal llamados fracasos. Tú estableces un objetivo y, si no lo consigues, ¿es un fracaso? ¿En serio? ¿Si quedas cuarto en una competición a una décima del tercero eres de verdad un fracasado? Qué mal nos aplicamos las palabras, que mal nos las atribuimos, como si fueran castigos.

Hay que ser honestos con el trabajo hecho, con el esfuerzo y el sacrificio.

¿De verdad el objetivo ha sido estructurado acorde a la realidad? Sería la primera pregunta antes de cuestionar el fracaso. Si has hecho todo, si te has preparado, si te has entregado a ello, si has sido sincero contigo mismo, entonces no puedes hablar de fracaso, habla de que no ha habido una consecución del objetivo que te habías planteado. Si te has entregado al cien por cien, está prohibido que prime el poso de la derrota. Si fuera así, la vida del deportista no tendría sentido. ¿Te has planteado alguna vez las pocas veces que gana un deportista, hasta el mejor del mundo? Si me pongo a pensar en cuántas veces he ganado, solo tengo un oro a lo largo de mi carrera, ¿eso quiere decir que solo he ganado una vez? Si fuera así la vida estaría llena de fracasados, pero la lectura es mucho más profunda y más amplia: si tienes como objetivo hacer que mil personas empiecen a correr y consigues que novecientas cincuenta lo hagan; si no llegas a la cifra inicial, ¿de verdad eres un fracasado? No hay que sentirse frustrado. De hecho, hay que huir de la frustración, porque es lo más paralizante que existe.

No conseguir el objetivo es el paso previo a conseguirlo. Revisa en qué has fallado, en qué ha acertado la persona que tienes al lado para sí hacerlo. Todo esto hace que la siguiente versión de ti sea mejor. A eso es a lo que hay que aspirar. Una evolución constante. Una R-Evolución que te lleve a dar pasos hacia adelante. El aprendizaje infinito en un mundo que está en constante movimiento. No te hundas, aprende y soluciona los problemas.

5

La honestidad y la confianza, dos condiciones inseparables

Estamos de acuerdo en que cada uno es como es y no deberíamos engañar a nadie. Cada uno venimos a este mundo con nuestro mapa genético, ese que nos viene dado en nuestro ADN y condicionados por nuestros padres, por donde hemos nacido y quizá por la manera en la que nos hemos criado. Dentro de todo eso, de lo que tenemos, de lo que somos, y a lo que no tenemos que renunciar, sino todo lo contrario, hemos de intentar mejorar, evolucionar, sacar el mejor partido.

En el mundo deportivo la honestidad tiene una vertiente muy clara. Mejor dicho, la falta de honestidad tiene una vertiente muy clara, y es el dopaje, que ha sido durante mucho tiempo la gran lacra del atletismo. Hubo un momento en el que se convirtió en cotidiano encontrar noticias sobre deportistas que daban positivo y hasta dejábamos de sorprendernos.

A mí me encantaba, disfrutaba, diciendo a mi gente que podía estar tranquila porque su hijo, su hermano, su amigo, jamás iba a aparecer involucrado en este tipo de escándalos.

Estaba limpio y nunca caería en esa poza. Eso lo he tenido muy claro siempre y nunca he sucumbido a la tentación, porque en realidad era una cuestión de principios. Iba a llegar donde mi cuerpo me permitiera y no estaba dispuesto a rebasar esa línea roja. Es lo mejor de ser tan radical. Me he equivocado muchas veces, pero todo lo que he conseguido ha sido fruto del esfuerzo, del trabajo, de intentar innovar, de dar una vuelta de tuerca a la manera de hacer las cosas, de mi capacidad de sacrificio. No he necesitado nada externo para hacerme mejor. Mi fortaleza viene de dentro y he asimilado los éxitos y los fracasos así, asumiéndolos. Que si perdía era porque alguien estaba mejor preparado que yo en esa carrera y que cada uno somos lo que somos. Por eso es imposible no sentir rabia en determinados momentos, pero pasa en la vida, en todas las disciplinas. Tú puedes estar preparadísimo para un puesto de trabajo y al final se lo dan al otro porque es amigo de un jefazo. Son cosas a las que estamos expuestos, aunque no por eso dejan de molestar.

Ahora que ha pasado el tiempo echo la vista atrás y según se han ido desarrollando los acontecimientos, según la década que hemos tenido de deportistas tan acusados de dopaje, creo que podría haber sido, quizá, uno de los mejores atletas de la historia.

Las cosas cambian mucho. En el Campeonato de Europa de Múnich de 2002, por ejemplo, hubo cinco oros, y de ellos cuatro dieron positivos. De esos cinco, el único que no estaba manchado por la lacra del dopaje fue el mío. De venir de un campeonato con un póquer a un solo oro no hubiera tenido nada que ver con contratos, patrocinio, becas, pero me tocó descubrir que hay personas que no son honestas, que eligen otros caminos. Que tú decides ir por una autopista, a pecho descubierto, y otros optan por los atajos.

> **La honestidad parte de uno mismo, es la identidad. Nos refuerza como personas y nos obliga a dar lo mejor de nosotros, a mejorar cada vez más nuestra versión.**

Si yo hubiera sucumbido a esa tentación, ahora no podría estar aquí, hablando de esto, con la paz que me sigue dando el tiempo y con la conciencia plenamente tranquila. Intento mejorar, siempre, lo que tengo, lo que soy. Siempre fue mi camino y lo sigue siendo.

El tiempo te deja anécdotas curiosas. Por ejemplo, en Corea, en Daewoo, tuvimos un Campeonato del Mundo muy complicado por el clima y no nos salió individualmente demasiado bien, pero lo defendimos por equipos y quedamos cuartos. No subimos al podio. Te estoy hablando del año 2011.

En 2017 nos comunicaron que Marruecos, que había quedado en tercer puesto, había tenido un atleta que había dado positivo en unas muestras que habían vuelto a analizar y, por tanto, pasábamos nosotros a ser terceros. Pero, en verdad, ni España ni nosotros tenemos las medallas, ni las becas ni los premios. Es una pena, porque no vivimos ese momento tan especial de subir al podio a recoger nuestras ansiadas medallas.

El dopaje es el camino irregular de la honestidad en el deporte, pero ¿qué estarías dispuesto a hacer tú, en tu vida, para conseguir lo que quieres? ¿Dónde pondrías los límites? Es bueno formularse estás preguntas y tenerlas claras. ¿Tú serías capaz de hacer cualquier cosa? Yo lo que sé es que ese tipo de gente no la quiero en mi equipo. Creo que si las cosas no salen bien hay que pararse, analizar y pensar en dónde has fallado para mejorar. Son los puntos negativos que hay que corregir. Ese, para mí, es el único camino posible.

Después de la honestidad, una de las capacidades principales que tenemos para alcanzar cualquier tipo de proyecto o de sueño es la confianza. Es el principio del todo, sin confianza no hacemos nada. Cada uno tiene unas determinadas cualidades que, con el paso del tiempo, puede ser capaz de desarrollar con más o menos destreza, con más o menos esfuerzo, y mejor o peor dirigidas —que esta parte también tiene una importancia clave en el destino de nuestras vidas—. Pero en esas condiciones físicas o mentales, las que sean las tuyas, hay que saber ponerlas en funcionamiento. Y para ello entra en acción una de las virtudes más potentes que tenemos y la que nos puede ayudar a llegar más lejos, que es la confianza. Es para ponerla en mayúscula dentro de nuestra propia estructura mental por la importancia que tiene.

La confianza pasa por ver las metas, y cuando digo ver me refiero a verlas de verdad. Visualizarlas para llegar a alcanzarlas. Ten claro que cualquier cosa que te planteas serás capaz de conseguirla. Ese es el camino, las piedras en el camino, que si las sigues, una detrás de otra, y lo haces seguro, con la confianza en ti mismo, van a hacer que te crezcas y que logres lo que te has propuesto.

Te diría que la confianza y el optimismo, en este plano, tienen que ir de la mano, entenderse y potenciarse. La confianza es ese primer paso que te da el impulso. La que da el disparo de salida para ese objetivo que te has marcado y para el que te has preparado. Si no confías, por mucho tiempo que le hayas dedicado, si flaqueas tú, no lo vas a conseguir.

> **La mente es una herramienta muy potente que debemos ser capaces de desarrollar y utilizar.**

También es importante que alguien de tu entorno confíe en ti, porque eso da alas, te hace volar, pero antes de que esto ocurra has de ser tú el que demuestre tu potencial y valía. La confianza, en verdad, no deja de ser una determinación para llegar al objetivo. Ratificar que es posible. No vale con decir que confías, lo tienes que demostrar, te lo tienes que creer, debes visualizarlo. Verte de verdad con el convencimiento pleno que traspasa las palabras para que cuando te veas en el momento de tomar una decisión, como estás convencido de verdad, de corazón, seas capaz de tomar el camino acertado.

Antes de ganar he perdido, pero confiaba en mí. Y me veía ganador y entrenaba cada día abriendo las manos en el instante en el que llegaba a la meta e imaginándome que llegaba a ella ganador de la carrera. Así una y otra vez. Preparas cuerpo y alma para lo que está por venir, para eso que deseas, que quieres, para tu objetivo, para tu proyecto vital y, cuando tienes que tomar decisiones, estás preparado. Tienes la fe ciega que hace que se desencadenen las emociones correctas.

Así que cierra los ojos y piensa, siente que lo puedes hacer. Lo que sea. Tu sueño y el mío puede que no tengan nada que ver. Tal vez tú quieras correr diez kilómetros y no has corrido uno en tu vida. Da igual. Si quieres llegar a alcanzar unos objetivos profesionales, piensa en ellos, imagínate que están ocurriendo. Te ves ganador, te sientes ganador, porque tienes esa valía, el potencial suficiente para llegar hasta donde te has propuesto. Y, por supuesto, te sientes satisfecho y feliz porque has llegado justo donde querías y eso hace sentir muy bien. No te olvides, confía. Será mucho más fácil que lo hagan los demás. La confianza es contagiosa.

6

LA ESPADA DE DAMOCLES QUE NOS QUIEREN CONTAR QUE ES LA EDAD

Recuerdo que cuando tenía treinta años la gente ya me retiraba. ¡Treinta años! Pero en este aspecto he sido transgresor y me alegro. Nunca me ha preocupado la edad, ni siquiera he pensado en ella, porque me he encontrado bien. Me ha preocupado más seguir entrenando, preparándome y mejorando cada día. He intentado innovar para dar con la fórmula que me permitiera sacar el mayor rendimiento posible a mi cuerpo. Por eso llegué a plantear un trabajo diferente a los demás en cuanto a la fuerza, y quizá esa transgresión es la que me ha permitido alargar mi edad productiva, incorporando nuevos modelos de entrenamiento que no estaban pensados para los fondistas.

Obsesionarme en marcar la diferencia me ha hecho fallar en muchas ocasiones, pero si quería ser líder tenía que ser distinto del resto. No te puedes quedar en el pelotón y repetir lo que hacen los otros. Ese no es el camino. Tenlo claro. Debes asumir ciertos riesgos, aunque el fracaso forme parte de ellos.

De ahí que me haya entrenado en altitud desde 1995. Al principio lo hacía durante periodos cortos de diez días; luego acabé por irme dos meses porque comprobé que mi cuerpo y, sobre todo la rentabilidad del mismo, me lo agradecía. Todos los días de un atleta, por una cosa o por otra, son duros, por eso hay que estar mentalizado para el sacrificio, para el esfuerzo, para sacar de uno todo lo que se pueda. Y más.

En mi caso yo no fui un niño precoz como tantas historias cuentan. Al contrario, como te he dicho, mi vocación floreció casi diría que de manera tardía. Pero, cuando descubrí mi talento, decidí apostar mi vida a él para que pudiera resplandecer sin estar pensando constantemente en esa fecha de caducidad que todos sabemos que está ahí.

Por aquella época había muchas trabas, era como si a los treinta y poco hubiera que retirarse; existía una línea roja. Yo ya la había atravesado, estaba en esa plenitud, y la gente me resultaba muy cansina diciéndome que tenía que pensar en la retirada y dejar paso a los jóvenes. «Por qué, si yo me siento muy bien. Estoy feliz, entreno a tope y estoy convencido de que todavía me quedan muchas cosas buenas que dar», pensaba yo. Creo que fui capaz de vivir con pasión mi talento, sabiendo que tenía una fecha de caducidad, aunque sin anteponerla, sin fastidiarme por ello el presente ni entorpecerlo hasta llegar a hacer que fuera una merma del momento.

He intentado exprimir mi carrera al máximo, sabiendo que los deportistas vivimos una vida irreal en una burbuja y que en ella la prioridad es siempre el rendimiento. Y que la persona evoluciona, pero dentro de unos condicionantes enormes que son buscar a toda costa las mejores prestaciones del cuerpo. Trabajamos para obtener el resultado óptimo. El problema de este tipo de vidas en el que buscas resultados, medallas, números, objetivos y no trabajo, dinero, hijos, es que te alejas de cierta normalidad. Y luego, cuando ves que se acerca el fin, da miedo, asusta muchísimo, porque en verdad no tienes la menor idea de lo que te espera ahí afuera.

Cuando empiezas a notar el deterioro cruel de los años, cuando ya no eres capaz de correr igual, cuando tu cuerpo no te permite las mismas cosas ni te deja llegar a los límites que antes conseguías traspasar, comprendes que se acerca el momento de pasar página, de comenzar otra etapa de esta aventura de la vida que, en el caso del deportista de alto nivel, tiene otros códigos totalmente distintos.

Y hay que reinventarse. Volver a viajar al interior y descubrir qué queda de ti después de una etapa tan brutal y tan devastadora, y averiguar qué es lo que te gusta. En qué te diviertes, qué es lo que crees que sabes hacer. Esto que te estoy contando lo puedes trasladar a cualquiera.

No tengo la menor idea de cuál es tu momento vital, en qué etapa de tu vida laboral o personal te encuentras, pero ¿has descubierto qué es lo que te gusta? No es tan sencillo. Solo lo parece, pero ahora sé que eso es lo que nos conduce al éxito.

Cuando eres capaz de dedicarte a algo que te gusta, tienes mucho ganado. Hasta los fracasos no dejan de ser experiencias que te hacen aprender y te dan impulsos para enriquecer el siguiente paso. Son bancos de pruebas para ir mejorando las versiones de uno mismo. Así que detente un poco y reflexiona, ¿qué te gusta? En la medida que seas capaz de aprovechar tu talento, podrás vivir tus emociones de forma más intensa.

Cuando hablo de un reto, como sé que para mí es energía y mi forma de exponer todo mi potencial y mi talento, cuando lo hago, cuando me planteo uno, una meta, me pongo un objetivo, sé que se me iluminan los ojos, brillan de una forma especial, diríamos que es una respuesta externa, de manera que las personas que están cerca pueden ver si lo que estoy haciendo me estimula lo suficiente o no. Mi cara refleja una sensación no tanto de paz, sino de bienestar, quizá como si las piezas internas encajaran. Algo así. Cuando hablo de mis objetivos los tengo tan interiorizados, canalizo tanto mis energías, que sé que dan respuestas de mí de lo que supone casi sin necesidad de hablar. Este recurso te puede ayudar a la hora de descubrir qué cosas son las que te apasionan, porque van a estar muy relacionadas con aquellas con las que el entusiasmo te desborda en la mirada.

Cuantos más aprendizajes, más fracasos, hayas tenido, más puntos fuertes lograrás para seguir construyendo tu futuro en ese mundo que está en movimiento y que no va a parar. No pares tú tampoco. Te invito a que no te conformes con tus ocho horas de oficina ni con cumplir el expediente. Te invito a no ser tan lineal. En línea recta seguramente llegues antes, pero si das un rodeo tal vez adquieras una visión más global y te lleves una experiencia mucho más enriquecedora. Y apóyate en las emociones, son una fuente inagotable de generación de energía.

Esfuérzate por crecer, renuncia al conformismo, comparte tus inquietudes y sé creativo.

Ya hemos cerrado etapas. Antes, un banquero lo era toda la vida o un periodista trabajaba en un periódico desde que comenzaba su vida laboral hasta el final de la misma. Nuestros padres, si lo pensamos —esa generación—, se mantenían en el mismo puesto de trabajo gran parte de su existencia. Esto ya no es así, es absolutamente extraordinario, por esa evolución que tiene el mundo que cambia a velocidad de vértigo. Ahora todo se mueve. Nosotros también. Y así nuestra vida laboral. Eso nos obliga a estar alerta, a no quedarnos atrás, porque corremos el riesgo de desfasarnos demasiado jóvenes. Hay que inventarse y reinventarse.

Antes, con cuarenta años, lo que no hubieras hecho, pocas alternativas parecían quedar ya. Hoy no. Las oportunidades son infinitas, todas las que te dé de sí tu talento, tu capacidad de hacerte a las nuevas oportunidades. Tu capacidad de evolución y adaptación. Si lo piensas, es una oportunidad maravillosa que deberíamos aprovechar. Ni está todo inventado ni todos los caminos construidos. Anímate a hacer el tuyo propio, a tu medida y, ya que te pones, disponlo según aquello que te guste, que te llene. Solo como punto de partida, será mucho más fácil que te haga feliz.

7

Lo conveniencia de desconectar

La tecnología nos ha hecho estar conectados todos los días de la semana y muchas horas al día. La cosa cada vez se va complicando más con terminales más elaborados, con el *boom* y la exposición de las redes sociales a las que dedicamos mucho tiempo. Todo esto me recuerda a cuando estaba en el alto nivel y la conexión era total en lo que se refiere al entrenamiento: veinticuatro horas al día, siete días a la semana, trescientos sesenta y cinco días al año. Irremediablemente.

Para una persona normal esto es muy difícil de gestionar, salvo quizá si pensamos en esa unión-dependencia que hemos desarrollado con la tecnología —estamos enganchados por el día y nos acostamos enganchados por la noche—. Incluso hemos desarrollado una que nos dice que no estamos durmiendo, que estamos inquietos, alterados, que nos mide la frecuencia… La evolución galopante del mundo nos aboca a una conexión extrema y en esa propia evolución a la que estamos sometidos es importante saber encontrar el momento de desconexión. Ese paréntesis en el que seamos capaces de poner los contadores a cero, desintoxicarnos, regenerarnos...

Curiosamente, en mis años de alto nivel la única forma que tenía de desconectarme era conectarme con el objetivo, reengancharme a él. Ahora que el tiempo me ha proporcionado otra perspectiva, me doy cuenta de lo que puede desgastar y de lo brutal que es para la mente este comportamiento, y que llevado tan al extremo puede provocarnos desajustes en nuestra forma de ser, tales como la ansiedad, la depresión o la frustración.

Es muy complejo gestionar en la vida normal estar enchufado siempre. Ya no lo hago. He aprendido esa parte tan importante. He asumido ese reto. Ese paso más en el crecimiento. Mi físico no acompaña, mi mente quiere, pero la realidad está situada en otro estadio y precisamente son esas desconexiones las que hacen posible que la maquinaria ruede y que todo funcione después y siga siendo capaz de llevar a cabo mi vida, también como corredor incluso en capítulos que *a priori* podrían estar ya descartados. Son esas desconexiones las que me dan energía para seguir enchufado al mundo y muy alerta a todas aquellas actualizaciones que puedan surgir, y que surgen, para llegar a dar la mejor versión de mí.

Creo que cada vez queremos vivir más y con más intensidad, y eso nos provoca que lo hagamos todo con un entusiasmo bestial que nos lleva a fuertes desajustes en las emociones, porque estamos muy felices o estamos muy tristes, estamos muy arriba o muy abajo, y eso supone un desgaste tremendo. Una elevada carga y descarga de emociones constantes. Necesitamos tener cierto control de ellas. Por eso es tan importante encontrar el momento, tu momento, el tuyo propio. Cada uno hemos de aprender a desarrollar el nuestro, pero ha de invitarnos a la reflexión, a relajarnos, a poner en contexto lo que ha ocurrido en el día y hacer que la energía no se atasque, todo lo contrario. Hay que lograr que siga fluyendo en esa mirada hacia el interior. Hay quien esto lo consigue haciendo yoga, otros son muy audaces y logran meditar todos los días un rato y cargar las pilas. Maravilloso. En mi caso correr forma parte de mi trabajo, me conecta con mi objetivo, me encanta, pero no me desconecta, no me aísla de la vida real. Yo lo consigo metiéndome en la sauna y en el agua fría. Ese sí que es mi momento. Mi parte de locura. He encontrado aquí las coordenadas en las que soy capaz de poner todo en orden.

Entre las cuatro paredes de la sauna pongo en contexto lo que ha pasado en el día, lo que va bien y lo que puede mejorar. Aquí soy capaz de hacer que la energía fluya. Sé que ahí nadie me va a molestar y que el teléfono no va a sonar ni me van a pasar una llamada. Lo llevo haciendo desde el año 93 y me funciona. Puede que tenga muchos otros beneficios. La sauna es un vasodilatador que ayuda al músculo y a muchas otras cosas más, pero para mí es garantía de tranquilidad, de equilibrio, es el momento en el que trato de evadirme de las tensiones diarias, de reajustar las emociones vividas y luego lo remato con el agua fría de la piscina, que no deja de ser una locura, porque meterse en pleno invierno en el agua a cinco grados lo es, pero forma parte de mi disciplina. Me obliga a romper con la pereza. No siempre me apetece hacerlo, claro que no, pero esa obligación me proporciona después mucha satisfacción y la recompensa en forma de estado de ánimo.

Logra que todas las emociones que he sentido al cabo del día, esa ola en la que he estado envuelto, llegue a la paz antes de meterme en la cama y vuelva a fluir, así que me compensa al cien por cien.

Esta es mi fórmula, la que me funciona a mí y la que llevo practicando casi tres décadas, pero es interesante que cada uno descubra cuál es la suya.

> **La desconexión es vital para la evolución y la salud mental, es el punto de partida con uno mismo que nos permitirá estar equilibrados y seguir creciendo.**

Si no lo hacemos, nos mantendremos en un barullo constante que puede llegar a ser insoportable y poco rentable. Haz lo que te venga en gana, pero encuentra ese instante que sea solo tuyo y te ayude a construir tu mejor yo, tu mejor versión de ti que esté preparada para ser compartida. Sin energía es imposible afrontar la vida o el día a día.

8
Energía y pasión para aprender

Ahora viene la mejor parte. El impulso para levantarse de la cama, para salir, para hacer cualquier cosa y hacerla con ilusión, con motivación y pasión. La energía lo es todo. A mí me dicen que tengo mucha, a veces hasta se nota, pasas cerca y la desprendo, pero ¿de dónde viene tanta energía? Creo que tengo la clave y sé de dónde sale. Sale de estar motivado con la vida, enganchado a alguna meta, a algún reto. Yo he superado ese miedo que tenemos los deportistas al día después, a cuando tenemos que salir de esa parte de la vida que está llena al cien por cien, incluso al doscientos por cien, por la entrega a lograr las metas que nos hemos planteado en nuestra disciplina, cuando debemos ir aterrizando en otra realidad, a la que nos obliga el cruel paso del tiempo.

Antes, los propios objetivos que me marcaba ya eran una carga lo suficientemente motivadora como para tener una energía desbordante y que no fuera necesario recargar. Tenía una carga ilimitada con los Campeonatos del Mundo o los Juegos Olímpicos. Eran el motor, pero hoy ya no tengo esa recarga infinita y he tenido que buscar la transformación, una evolución, y he encontrado la manera de ir a comprar la energía, de demandarla. ¿Adónde? Yendo a buscar los retos donde yo sé que tengo que superarme, que tengo que dar un paso más, que tengo que esforzarme, que me obligan a salir de la zona que controlo, porque me da igual correr en la jungla, en la selva, en la nieve; correr en sitios altos, bajos, en diferentes superficies... Busco distintos retos en los que pruebe todavía mi valía como deportista, porque si bien es cierto que llegué a tocar el techo cuando estaba en el alto nivel, todo aquello que fui capaz de conseguir ya lo perdí, ya no soy tan rápido y físicamente ya no tengo las mismas características. Mi corazón ya no late como antes y tengo menos fuerza. Soy consciente de que mi estado físico ha mermado, pero no mi energía, y mucho menos mi entusiasmo y mi motivación. Los retos me siguen moviendo y me esfuerzo en seguir buscando aquellos que lo hagan, porque, además, me hacen ser mejor deportista y mejor persona. Sigo aprendiendo y es bonito que, con casi medio siglo en mis piernas y con la cantidad de kilómetros recorridos, todavía continúo aprendiendo.

La energía puede transformarse para seguir generando cosas nuevas en la vida.

Te invito a que hagas la prueba. A que te pongas una meta, la que quieras. A que la sueñes, la escribas. Intenta ponerte un plazo. Con ese objetivo en el horizonte estoy absolutamente seguro de que vas a sentir cómo te llenas de energía para poder conseguirlo. No falla. Es un potente generador. Energía y optimismo, y eso te lo da el tener una meta a la que llegar e ir cumpliendo esos pequeños pasos que te llevan a ella. Esa proyección a corto y medio plazo.

Necesitamos vivir el presente para construir el futuro, pero el futuro se construye cada día.

Además de la energía necesitas pasión. La pasión es una de esas palabras que está en ti. La vida la puedes vivir con normalidad, de manera rutinaria y mecánica, o le puedes dar ese plus que es el de la pasión. Es lo que hace que se multiplique la intensidad, que se dé más sentido a todo, o un sentido mucho más hondo, más loco, más aventurero. A veces es esa sensación de que se te puede ir la vida en las pequeñas cosas, porque no te conformas. Es un condicionante emocional que para mí es mucho, porque los resultados son más satisfactorios.

Si eres capaz de apostar incrementando la apuesta, dándole emociones, esa apuesta te devolverá no solo el objetivo o lo que quieras hacer de manera normal, sino con el añadido de ese plus que vale oro.

Yo apuesto por vivir intensamente. El día a día o el reto. Consciente de que el tiempo pasa, de que nunca voy a ser tan joven como en este mismo momento, ahora que estás leyendo estas líneas, en este preciso instante en el que estamos compartiendo esto. Date cuenta. Se nos pasa la vida cada vez más rápido, y la felicidad es cada vez más difícil de encontrar porque los procesos para llegar a ella son más rebuscados y complejos, es como si se nos escapara de las manos por una extraña reacción de evaporación, porque tenemos demasiadas preocupaciones en la cabeza. Por eso es tan importante llevar las cosas a tu terreno, donde puedas disfrutarlas y sonreír. En todo lo que hago trato de implicarme y añadirle ese plus adicional, y eso al final es garantía de éxito, porque las emociones son muy reconfortantes.

Después de toda una vida dedicado a ello, me sigue pasando después de correr. A veces me supone un esfuerzo tremendo. Ha sido un día duro, no me apetece nada. Estoy reventado, pero al terminar me ducho y la sensación es reconfortante. ¿Te suena? Hay recompensas, incluso económicas, que no reportan esas buenas sensaciones. La pasión es un caballo para tu motor, para tu potencial, un combustible muy potente.

Vivir con pasión es una forma de enfrentarse a la vida, de implicarse, de ponerse metas. ¿Te brillan los ojos en lo que estás haciendo? ¿Es algo que te importa lo suficiente? Puedes vivir de puntillas o pisar fuerte. Puedes vivir con normalidad. O con pasión. Tú decides. Arriésgate si quieres ver resultados.

Con energía y pasión somos capaces de estar en los dos lados del río. La misma persona. Dos etapas distintas de la vida. Te cuento dos anécdotas. Dos puntos rojos de mi vida que están unidos. Cierro los ojos y ahí están. Me pertenecen, a pesar de que uno y otro representan las antípodas de las emociones.

Sevilla, 1999. Estadio lleno. Acababa de ganar un oro en la Universiada, en Mallorca, en una competición más desconocida. Es curioso, porque se creó un estadio para las competiciones de atletismo, Son Moix, y solo se usó una vez.

Volvamos a situarnos en Sevilla. Mi primer Campeonato del Mundo. Me presentaba a la prueba de diez mil. Acudían muy buenos deportistas y ya en la cámara de llamadas noté que la situación me venía grande, a pesar de que estaba bien preparado.

Comencé a experimentar la puñetera sensación de sentirme pequeño ante ese ambiente que se me hacía inmenso. Rodeado de los mejores del mundo, en mi país, en una ciudad como Sevilla, veía a los otros y creía que ya tenía la carrera perdida. Pasé de una cámara de llamada a otra, justo por ese lado por el que salimos en el que las luces son distintas, artificiales y deslumbrantes.

El estadio estaba lleno, ¡uff! Parecía faltarme el aire. Dejé la camiseta y comencé a hacer unas rectas y unas aceleraciones con los demás y, justo cuando estaba volviendo de la primera, en la grada comenzaron a gritar: ¡Chema, Chema! En ese momento pensé que había terminado mi carrera. La situación había acabado conmigo, el vaso, que ya estaba lleno, se había desbordado y era incapaz de controlar el entorno. Fue una experiencia brutal, increíble, escuchar a la gente corear mi nombre, pero también echó a perder mis opciones de correr bien. Es curioso, porque todo me había generado un desgaste tremendo, era una situación nueva para mí y me superó. No recuerdo con certeza cómo trascurrió la carrera, pero juraría que quedé número catorce, del mundo, que no está mal, pero muy lejos de lo que en verdad podría haber hecho. Lo que sí sé es que recuerdo todo, la escena, los colores, los olores, la situación como si estuviera allí todavía. Ese bloqueo tan limitante, tan frustrante, se me ha quedado grabado como una de esas situaciones negativas que han marcado mi carrera. Por suerte, luego la vida me fue dando. Dando y quitando. Cal y arena.

Tres años después. Nos situamos en el Campeonato de Europa de Múnich. Año 2002. En este tiempo había tenido un aprendizaje tremendo. Mucho rodaje, muchas horas de vuelo que son necesarias para desengrasar. Y tuve justo la sensación contraria, la de podio, esa sequedad en la boca, el sabor que presagia el triunfo, los nervios del éxito, que comienzan en el paladar. Antes de que ocurriera, antes de calentar, antes de dar la primera zancada, era como si tuviera ya integrada una sensación de éxito, de triunfo. Había sido capaz de gestionar bien las emociones y de dar el cien por cien de mí, sin atenazarme, sin que la situación me viniera grande. Y ese cambio, ese doble mortal dentro de mí, hizo posible el podio y que pudiera escuchar esa maravilla que es el himno, sin letra, el himno de mi país. Es todo muy desbordante en cuanto a las emociones. Incluso es muy difícil de trasladar en palabras, de contártelo a ti que me lees, de hacerte entender que cuando estás ahí, cuando el nivel de entrega es tan alto, todo se vive como si fuera una bomba de relojería que estuviera a punto de estallar. Es muy excesivo y se amplifica todo —todo me refiero en este caso en el ámbito de lo deportivo—. Se radicaliza, se sufre a lo bestia y las dificultades también son bestiales. Es todo muy rápido y muy extremista. Pero creo que se puede extrapolar a aquello que tiene un grado de entrega muy elevado y se puede volver obsesivo. Así es el deporte de alta competición. O al menos así lo he vivido yo. Las dos caras de la moneda. Sentirte pequeño o crecerte y recrearte. Cuando vences y cuando eres vencido.

9

LOS PROCESOS MENTALES

¿Piensas que la parte psicológica es importante? ¿Sí? ¿No? ¿Qué crees que es más esencial, la parte física o la mental? ¿Cuánto de importante es? Si tuvieras que establecer un porcentaje a la preparación física y mental, ¿cómo sería? Estas fueron las preguntas que me hicieron a mí cuando fui a un psicólogo la primera vez —tenía dieciocho años y estaba empezando a formarme como deportista— y ahora son las mismas que hago yo cuando doy mis conferencias.

Lo lógico cuando no tienes muy claro qué contestar es que digas un cincuenta por ciento y así no te pillas los dedos. Ya te he dicho que yo tuve mi primera reunión con una psicóloga cuando empecé a dar mis primeros pasos en el mundo del alto nivel. Hasta ese momento no estaba en mi planeta mental.

Cuando empecé a entrenar y a prepararme estaba dispuesto a probar todo aquello que me hiciera mejor —siempre desde el marco de la legalidad— y es cuando me di cuenta de que el poder de la mente era tremendo, así que me dieron la opción de tener sesiones con una psicóloga. En la primera de ellas lo que me planteó me hizo ponerme a pensar.

—Chema, ¿cuánto crees que puede interferir la mente en tus entrenamientos? —me preguntó.

No lo olvidaré nunca. Ante esto yo respondí que creía que un cincuenta por ciento. Como es lógico es la respuesta de no tener ni idea, de estar perdido, y la tendencia natural es el equilibrio. Ella vio que no lo tenía muy claro y lo que hizo fue apretarme un poco más.

—¿Estás seguro?

Y ante ese «estás seguro» dudé y, posiblemente, porque ella estaba delante, comencé a cambiar los porcentajes para decirle que quizá era un sesenta por ciento mental y un cuarenta por ciento físico. Ella me volvió a preguntar de nuevo con ese «¿estás seguro?». Y eso me hizo dudar más todavía desde el desconocimiento sobre el tema que tenía en ese momento y en esa situación.

Cada vez que ella me iba apretando, la balanza de los porcentajes se descompensaba más hacia el peso de lo mental y menos a lo físico. Después de que me repitiera esta pregunta varias veces, llegué al noventa por ciento mental y al diez por ciento físico. Con estos números ella me dijo:

—Entonces, ¿si todo el tiempo que tienes para entrenar y todas esas horas que le vas a dedicar a tu entrenamiento al día para conseguir ser lo que quieres ser se las dedicamos a tu formación mental y un diez por ciento a esa formación física será suficiente para ser campeón de lo que quieres ser?

Claro, la respuesta se caía por sí sola. Me había cogido. Con todos los kilómetros que yo he hecho y que sigo haciendo ahora he entendido que lo que diferencia a un deportista de otro es la capacidad mental, pero sin el trabajo previo, sin la preparación, sin esa capacidad de dejarte la piel cada día, no es posible lograr los retos. El talento hay que trabajarlo, alimentarlo y explotarlo al máximo, no es un don que está ahí y que ya puedes sentarte a disfrutarlo y verlo crecer, al menos en el ámbito deportivo.

Pero sí es verdad que lo que diferencia a un deportista de otro, lo que distingue a una persona normal de una extraordinaria, es su capacidad mental. Por eso es tan importante tener la cabeza bien estructurada y desarrollada. Esto se ve. Mira en tu entorno. Tendemos a pensar que las personas que tienen éxito, que triunfan, es porque tienen una estrella, como si de alguna manera las cosas les vinieran dadas. Y no es verdad. Muchas veces lo que diferencia a esa persona, que es tan potente, de la que tiene al lado no es más que su capacidad mental para superar las dificultades, para hacer un cambio de rumbo a tiempo ante los obstáculos, para tomar las decisiones precisas en el instante idóneo, para ser capaz de cambiar el foco a un problema y seguir hacia adelante cuando otros se bloquean. La mente es muy poderosa. Ya hemos dicho que si no hay trabajo detrás le falta motor, pero sí es el impulsor que hace que las cosas lleguen, que se consigan. Es de alguna manera la llave del éxito.

De aquella primera consulta con la psicóloga salieron muchas más y un valioso aprendizaje que me ha marcado como deportista y como persona. En todo, también en aquello que podemos considerar pequeñas cosas o detalles y, en realidad, no lo son, como saber comportarte en determinadas situaciones. Por ejemplo, en el día a día con tu grupo de entrenamiento. Yo soy muy extrovertido, hablo mucho, pero me hacía ver si conocía a todas las personas con las que trabajaba, me incitaba a preocuparme por ello, a hacer equipo, a intentar saber de sus vidas, a establecer un pequeño lazo que facilitara de alguna manera esa comunicación que a veces está rota y ni tan siquiera nos damos cuenta. Y cuando eres capaz de enlazarla, las cosas fluyen con una energía mucho más positiva y renovadora. Estas habilidades las aprendí con ella y me vinieron muy bien. Me di cuenta de lo que hablaba y por defecto de lo que no dejaba hablar a los demás. A veces pienso que soy insufrible. Esa habilidad que puede ser buena, que es ser extrovertido, se podía convertir en determinados momentos para los demás en un obstáculo, porque no paro. Aprendí a tomarme un tiempo, a entender que hay más gente que quiere hablar. Y luego la fortaleza mental te lleva a diferenciarte del resto.

En esas consultas hacíamos muchas cosas y muy distintas, por ejemplo, simulábamos entrevistas. Yo me sentía ridículo, pero luego lo he agradecido con el tiempo porque me ayudó a desarrollar una habilidad que no tenía y que he mejorado.

Nuestra capacidad de evolución es tremenda, pero no nos olvidemos que nuestro único amparo es el trabajo.

Ahora me dedico a dar conferencias y me hace mucha gracia cuando vienen y me dicen que qué bien se me da. Yo lo agradezco, pero hay trabajo detrás. Para hacer una conferencia me la preparo, tengo un hilo argumental, porque al final se basa en mi vida, en mi experiencia, el soporte es lo que he vivido y lo que soy, que todo lo que cuente tenga un sentido y mi idea es que la gente que me escucha pueda sacar algo que le sirva para su vida, haga lo que haga o se dedique a lo que se dedique, que en verdad hay una base que nos unifica a todos, aunque nuestros objetivos no tengan nada que ver.

Antes de dar mi primera conferencia estuve un año entero formándome con una empresa especializada, buscando la mejor manera de comunicar. De alguna forma no solo me he entrenado para correr, también para el resto de cosas que hago en mi vida. Antes jamás hubiera pensado que fuera capaz de establecer un hilo conductor contando una historia que pudiera tener cierto atractivo para la gente que me escuchase. ¿Cómo llegué a ello? Repitiendo una y otra vez hasta que das con las teclas correctas. De hecho, comencé con una especie de cuento, que era *Éxito o fracaso,* que resultaba más biográfico, más vivencial, y cuando acababa de relatarla me decían:

—Ya, pero esto qué sentido tiene.

Y así tenía que replantearme todo lo que estaba diciendo. En esa prueba y error estuve un año complicado, porque cada vez que repetía la historia ya estaba yo harto de escucharme y supongo que la persona que me guiaba también, porque lo que contaba era más o menos lo mismo. Al final dio su fruto y pude dar mi primera conferencia.

Hoy he evolucionado y he apostado por algo más vivo. No me he querido anclar en repetir un formato ni contar la misma historia, me aburre. Necesito seguir evolucionando y trato de que lo que narre tenga un sentido, y si alguien me interrumpe o me cuestiona, todavía me lo hace más atractivo. Parto de ese hilo conductor, que está bien trabajado, y a partir de ahí a mí me encanta que me cuestionen todo, porque al final lo que cuento es mi vida y mis experiencias, y no significa que sean clave, pero sí que me han ayudado a crecer y a evolucionar y ser lo que soy.

Lo que más aporta es que un deportista de alto nivel ha vivido muchas experiencias en un corto plazo de tiempo. Pocas buenas y la mayoría malas, y ha tenido que reinventarse y ser capaz de cambiar de planes, de estrategias. Ha aprendido de los errores y se ha puesto constantemente nuevos objetivos. Esa viveza, esa capacidad para no frustrarse y esa idea de que, por mal que tenga el día siempre hay un objetivo por hacer, es muy buena lectura si eres capaz de plasmarla en el día a día de la vida.

Volviendo al tema inicial de este capítulo, una de las cosas que más desarrollé de aquella etapa con la psicóloga y que más me ha servido a lo largo de los años comenzó cuando me puse el objetivo de llegar a hacer los diez mil en menos de veintinueve minutos. La meta real era llegar a exteriorizar mis objetivos. Y eso nos pasa a todos. Piénsalo. ¿Cuántas cosas te gustaría conseguir, pero no las dices? Mantenerlas en silencio es una manera de no comprometerte; si no lo dices, si no lo verbalizas, ese deseo, ese anhelo vive en ti, pero no necesariamente te tienes que dejar la piel para conseguirlo porque no lo has hecho público y no te has comprometido. Cuando lo dices es como si lo convirtieras en una realidad.

Mi realidad de entonces es que quería llegar a esos veintiocho minutos, pero no tenía que estar solo en mi cabeza. Tenía que sacarlo y compartirlo, hacerlo ver. Esa es la manera de comprometerte contigo mismo, con la sociedad, con tu entorno… Así que decoré mi casa con el veintiocho. Los pintaba y los iba colocando por todos los sitios. Cada día pintaba uno y aprendía a convivir con ese objetivo. Creo que así logré dos cosas importantes: por un lado sacar algo mío, ese veintiocho que era el reto que quería hacer y hacerlo visible a todo el mundo y, por otro, al hacerlo visible, ya me dio algo a lo que aferrarme. Ahora que lo había enseñado, había adquirido un compromiso, y de alguna manera eso me obligaba a entregarme a tope. Dejar constancia de ese objetivo y perder el miedo a que se quede en el interior es lo más fácil. Ponerte a correr, escribir un libro… Contarlo a alguien es dar el primer paso, verbalizarlo, ponerlo en común; proyectarlo y sacarlo de tu cerebro donde lo has dejado oculto. Si lo compartes ya estás en el camino correcto y un paso más cerca de poder conseguirlo.

Mi veintiocho lo conseguí en poco tiempo y los acabé haciendo como rosquillas. Si me hubieran dicho cuando tuve la primera charla con la psicóloga que iba a ser capaz de correr como luego he corrido en veintisiete minutos, no lo hubiera creído.

Ahora todas estas cosas ya forman parte de mis mecánicas, de las herramientas que he desarrollado para gestionar mi carrera y mi vida. En los primeros tiempos hacía dibujos de todo tipo, de las pistas… Ahora ya no lo necesito, no necesito hacer ninguno que represente cuál es mi próximo objetivo, pero sí tengo la técnica integrada y me hago una estructura mental de lo que quiero y me veo. Si mi siguiente objetivo es Costa Rica, me visualizo cruzando los ríos, con mi mochila de doce kilos que tengo perfectamente preparada… Y me veo realizándolo, con esa seguridad y confianza en que lo voy a conseguir pase lo que pase. Por eso en lo que creo que de verdad he evolucionado con los años es en la fuerza mental, en perder el miedo.

Otro ejemplo que me viene a la cabeza es el de los Juegos Olímpicos de China, donde quería quedar campeón… Porque no tenía cartulina para dibujar, sino me hubiera pintado campeón y con el laurel, porque estaba convencido de que lo iba a conseguir. De hecho, me preguntaban y decía siempre que, si se daba la carrera, iba a quedar campeón olímpico.

No renunciar es clave, sin miedos. No temer a soñar a lo grande, sin límite, aunque luego no se consiga.

Atrévete, deja salir tus grandes ideas y no te conformes con las medias tintas. Ni siquiera es tan importante conseguir los logros: estar ilusionado y vivir para ellos ya es motor de felicidad.

10
Herramientas ante las dificultades

Hay varias fórmulas para ver las dificultades, los obstáculos en el camino. Cuando lo pienso, me doy cuenta de que he tenido muchos momentos complicados y difíciles de gestionar en mi carrera, pero no me he quedado con la sensación de experimentarlos con ansiedad, sino que han sido frustraciones que he digerido y que han formado parte del viaje. Los instantes de dudas se tornaron en lanzaderas para el siguiente objetivo, para averiguar en dónde había errado. No fueron trabas insalvables.

Resulta curioso entender cómo afrontamos cada uno los problemas. Hoy sé que a mí las complicaciones me hicieron de catapulta y me llevaron a ser lo que soy.

Se habla mil veces de este tema, pero es cierto, es así. La eterna teoría del vaso medio lleno o medio vacío. El vaso es el mismo, es el mismo para todos, y ahí está, por la mitad. En ti está que lo quieras ver de una forma o de otra. Es cuestión de actitud ante la vida, y nos define mucho más de lo que imaginamos.

Siempre he intentado mantener esa visión positiva del lado bueno de las cosas, aunque a veces he sido excesivo y casi un optimista patológico que me ha llevado a sueños irrealizables, pero quizá precisamente esto es lo que me ha salvado de caer en estados de ansiedad. Sabía que el deporte de alto nivel estaba destinado para muy pocos y por un tiempo limitado, con lo cual había que estar preparado para exprimirlo a tope, para dar lo mejor de mí. Era una vida dentro de otra.

Alguien me dijo una vez que lo bonito de vivir era tener historias que contar, y por eso las sigo acumulando, porque gran parte de los retos acaban convirtiéndose en grandes historias.

Hay una cosa que me encanta hacer —hazlo tú si puedes—. En una maratón me gusta ir a la meta, a los momentos clave en los que se definen los sueños, cuando se cierra el círculo de los objetivos, en los propósitos, en las décimas que lo cambian todo, ¡esos dígitos! A las dos horas cincuenta y nueve minutos me siento y veo cómo llega la gente. Es alucinante. Sus caras de felicidad, de entusiasmo, las lágrimas, sus familiares, sus hijos... Todos y cada uno de ellos dejan atrás una historia de esfuerzo, de superación, cada uno la suya. A las tres horas treinta minutos pasa exactamente lo mismo. Es emocionantísimo. Me gusta ver lo que sucede, ese entramado de emociones, cómo la gente se rompe, se reconstruye, cómo todas las piezas de su puzle vuelven a tener sentido justo ahí. Hay superación, esfuerzo, retos que en otro momento pensaron que eran insuperables. Historias que contar, buenas, malas, regulares... Las nuestras, las que hablan de nosotros, de lo que somos capaces de hacer. Por eso la frustración, el fracaso, en muchas ocasiones, no es más que el paso previo, el impulso para reconocer los puntos negros en los que hemos fallado y llegar a cumplir el objetivo. Lograr el éxito.

En la propia evolución del deportista se aprende a superar los momentos del «no puedo». En mi carrera viví uno clave en este sentido. Era todavía promesa y me presenté al Campeonato de España, recién llegado al alto nivel, y afronté la prueba de los diez mil. Se suponía que tenía que conseguir una medalla relativamente fácil. De hecho, era uno de los favoritos. Partía con la segunda mejor marca de todos los participantes.

Me puse a correr, pasaron los primeros cinco mil metros y uno de los atletas se escapó por delante —en verdad, era el gran favorito—. Hasta ahí todo más o menos normal. Detrás, en segundo puesto, iba yo. ¡Fenomenal! Una plata era, sin lugar a dudas, un final feliz. Pasaron unas cuantas vueltas más y el que estaba en tercer lugar se iba acercando. Y, cuando quedaban cuatro o cinco vueltas para acabar la prueba, me adelantó. En el último tercio ya no me encontraba tan bien. Tenía dieciocho años, ha pasado mucho tiempo y he olvidado algunos detalles, pero no las sensaciones. Esas perduran, sobre todo porque marcaron un antes y un después.

Cuando quedaban solo tres vueltas para acabar, el cuarto se empezó a acercar también, y antes del momento en el que di por perdida la opción de medalla, me paré. Terminó la carrera y viví una situación de frustración total, horrible. Me sentía fatal porque me había defraudado a mí mismo y porque ante una situación de dificultad me había bloqueado. No lo supe gestionar y me rendí. El cerebro me convenció de que iba mal y me detuve. No supe asumir esa derrota con elegancia y aceptar esa cuarta posición con humildad, e incluso poniéndolo en valor, porque no hubiera sido mal resultado. A veces pensamos que el mundo somos solo nosotros.

Fue en Tarragona, te contaba, donde de alguna manera decidí que mi vida cambiaría. Dice poco de una persona que se detiene antes de que le ganen. Estaba triste, ofuscado, decepcionado conmigo por no aceptar la realidad de lo que había pasado, que era que yo no había corrido tan bien y que otros me habían superado.

Fue un día tan complicado que acabé de rematarlo, porque tampoco fui capaz de asumir ese mal momento después de la competición y mi descontrol llegó hasta tal punto que, en vez de reconocer lo que había pasado y ese luto que viene después de la derrota, opté por huir de él, por no asimilarlo y tirar por el camino fácil. No supe afrontarlo, era mi primer campeonato y mi primera gran cagada, y tenía menos de cuarenta y ocho horas para la siguiente prueba, que era la de cinco mil.

Estaba en esa situación de bloqueo, una poco usual que no controlaba ni dominaba, y esa debilidad me llevó a salir por la noche de fiesta, pero con todas las letras. Toda la noche. Cuando terminó la carrera fui al hotel, me cambié de ropa y me fui con la idea de pasar página y olvidarme, como si aquello no fuera conmigo. Quería huir de mí, de lo que había pasado en esa pista, de mi propia imagen y no tanto de mi propia derrota, sino de la manera en la que yo me había dejado derrotar. Ese orgullo tan mal llevado y tan mal gestionado como deportista.

Llegué a la mañana siguiente, a la hora del desayuno. Y, claro, aparecí donde estaba concentrado todo el equipo, donde estaban desayunando los compañeros que iban a correr, y yo sin haber dormido. Tuve que escuchar los comentarios, pero ciertamente no quería vivir esos días tan nefastos que son los que siguen a un mal resultado en la pista. Quise ignorar los hechos y no asumir mi mal proceder. Aguanté lo que me dijeron casi con un punto de indiferencia, porque ya traía el cuerpo al revés y los pasé de largo, les quité importancia, más por los efectos del alcohol que por la realidad. Pero ese momento del choque de trenes con la verdad, ahí frente a mí, en un contraste tan abismal con la juerga que me acababa de pegar y con mi vida real que era esa, hizo que el chip, mi manera de pensar, de pronto cambiara. Como si me dieran un golpe, un aviso certero, y me abrieran los ojos que yo me negaba a abrir. Fue un punto de inflexión.

Cuando vi a la gente concentrada, preparándose, caí en la cuenta de que no podía ser, de que mi camino obviamente no estaba siendo el bueno, de hecho, no estaba siendo un camino; había que apechugar. Acepté que había tirado por el más fácil y más divertido —sin duda debido a mi juventud y a la falta de experiencia—, y estuve todo el día descansando y mentalizándome a lo bestia para esa prueba que tenía por delante, la de cinco mil. Era la prueba mayúscula, y tenía que hacerla como en mi vida. La mejor. Quería ser capaz de demostrarme a mí mismo que podía hacerlo, quería ser capaz de superar los momentos de dificultad y de darle la vuelta a mi cabeza que me había traicionado y que de alguna manera me había humillado.

Corrí la prueba como si me fuera la vida en ello, e igual me iba, porque habían pasado tantas cosas esos días que en verdad una parte de mí ya no sería nunca igual, había aprendido la lección. Y gané medalla. Creo recordar que fue de bronce, pero lo que no olvido es que tuve la sensación de haber corrido al ciento veinte por cien de mi potencial. Físicamente me encontraba mal y mentalmente había asumido que no lo había hecho bien. De alguna forma quise superar mis miserias, admitir mis errores y tatuarme en algún lugar indeleble de mi cabeza que nunca jamás me volvería a retirar, salvo por causas muy justificadas —desde luego no por rendirme ante la victoria de un compañero—.

Es esencial reconocer y aprender a gestionar el orgullo, a pesar de tener una marca mejor que tu contrincante —y acabe por ganarte—, a pesar de tener la vitola de favorito. No dejas de ser uno más, y la carrera es ese momento libre en el que puede pasar cualquier cosa, por eso el deporte es tan grande, tan imprevisible y tan frágil. Por eso se sufre y se siente todo tanto, cuesta un mundo cada paso que se logra dar hacia delante, porque cada zancada se da al filo de la navaja, depende de muchas circunstancias y dejas atrás, en cada metro, mucho esfuerzo. Más del que en ocasiones puedes llegar a imaginar.

El viaje de vuelta en el autobús lo recuerdo como idílico. Todo lo que había vivido en ese fin de semana cabía en tres vidas. Era joven, era promesa, sucumbí a la tentación fácil, al divertimento, al ocio, a las copas, pero eso me hizo construir unos cimientos muy sólidos que me marcarían para siempre.

Si hablamos de esos fallos que me hicieron crecer, que en un momento determinado fueron errores, pero que luego me sirvieron para aplicarlos en mi vida, me viene a la cabeza mi primer Campeonato de España de Media Maratón de 1996. Todavía era un atleta en evolución y era una prueba en la que estaban los mejores corredores. No tenía muy claro cuál iba a ser mi lugar ahí. Mi evolución como deportista siempre ha sido ascendente, pero nunca en una línea excesivamente pronunciada.

En el kilómetro catorce me puse a tirar y me escapé. En el catorce de veintiuno, y todos los buenos detrás. No me pillaban. Quedaban tres para la meta y seguía primero; dos y mantenía el primer puesto. La cosa se fue acotando más. A un kilómetro del final continuaba primero. Quinientos metros para la meta y ahí seguía, pero ya se iban acercando. Y entonces ocurrió otra de las cosas que me condicionaría en el futuro, aunque he de reconocer que en ese momento no fui consciente y viví la carrera tan feliz.

Cuando quedaban cien metros, José Manuel García vino por detrás y me pasó. Lo curioso es que ni tan siquiera esprinté. Ni me esforcé. Me conformé porque para mí suponía ya un gran triunfo la carrera que había hecho y esa plata era tremenda. Ahora lo pienso y me parece una torpeza absoluta, y desde luego para carreras posteriores me sirvió. En esos cien metros hay que echar el resto y que pase lo que tenga que pasar, pero no hay que conformarse. Fue un premio tremendo la plata, pero después lo reviví muchas veces y llegué a la conclusión de que jamás me volvería a ocurrir. La realidad es que no estaba preparado para esa lucha.

Todos los caminos requieren de un aprendizaje, hasta los del éxito.

Pasé de ser uno de tantos a estar líder y hacerme con una plata. Ya me pareció extraordinario ser subcampeón de España y mi primera internacionalidad en Palma de Mallorca. Tuvo que trascurrir tiempo para que aprendiera la lección y para darme cuenta de las equivocaciones y que los momentos buenos podían haber sido mucho mejores. De una mala situación, de una mala lectura, se aprende; de hecho, evolucionamos mucho más y el retorno es mayor cuanta más facilidad tengamos para aportar soluciones. A veces se necesita un solo fin de semana y otras situaciones son procesos de aprendizaje más lentos.

Mi siguiente piedra en el camino —como te digo soy una persona soñadora y mi gran sueño era ser deportista de alto nivel—: mi debut con la selección. Qué nervios, qué miedo, qué inseguridades, qué ansiedad. Quería poner de mi parte, pero no tenía las suficientes herramientas ni la experiencia necesaria para que todo ese proceso llegara a buen puerto.

Cuando me dieron mi primera camiseta de la selección aluciné, casi diría que esa sensación de ansiedad se multiplicó. La preocupación por cosas que podían ser invisibles para el resto de los mortales, no lo eran para mí —por ejemplo, colocarme bien el dorsal—.

Y llegó el momento de la verdad, había entrenado, estaba en forma, había quedado subcampeón de España un mes antes, ya había hecho el *backup* de saber que, si me pasaba esto en un determinado momento, había que hacer esto otro. Tenía parte, una parte del trabajo realizado, aunque era totalmente inexperto.

Empecé a calentar, pero yo no sabía, por ejemplo, lo de la cámara de llamadas y que tenía que estar tiempo antes. No tenía ni idea, en ese aspecto era un deportista novato. Tampoco sabía que había que planificar muy bien los minutos, el calentamiento, pasar a una cámara de llamadas, que tenía que pasar a otra, que tenía que tener un tiempo para trabajar el cuerpo, para calentar, para estirar, para hacer las rectas o los progresivos, la técnica de carrera, para ir al baño, para ponerme los calcetines que fuera a usar, para cambiarme de zapatillas, para ponerme vaselina para que no rozaran partes del cuerpo… ¿Y qué ocurrió? Que —quizá por los nervios o por lo que fuera— tuve ganas de orinar. Estábamos en la cámara de llamadas en la zona de salidas, aquello lleno de gradas donde se congregaba el público. Pensé que era fruto de los nervios, así que no fui al baño y dieron la salida. Aguanté, y desde el primer metro no me lo pude quitar de la cabeza. Pasaron tres o cuatro kilómetros y seguía meándome. Notaba que la vejiga se iba llenando cada vez más.

—Morgan, que me voy meando —le dije a un compañero que iba en la carrera.

Imagina la situación. En un Campeonato del Mundo, a veinte por hora, en un deporte individual que te digan eso. Él me miró como diciendo: «Y qué quieres que haga». Yo no era capaz de encontrar respuesta a mis angustias. ¿Qué hacía? ¿Me paraba? ¿Tiraba? ¿Cuánto iba a poder aguantar si ya me parecía insoportable?

En el kilómetro ocho era tal el dolor de tripa que me tuve que salir del circuito. Eso era otra cosa que no había aprendido: si tenía que orinar, me ponía allí mismo, en la carretera o donde pudiera. Pues no. Salté la valla, me puse a ello y después de haber aguantado tanto, no había manera de acabar. Y mientras, venga a ver pasar corredores. El grupo en el que iba se marchó y seguía pasando gente. Estaba nervioso y fuera de control y, lo peor, no podía parar. Total, controlada la situación, regresé al circuito y me puse a correr a tope para intentar recuperar el tiempo perdido. En el kilómetro diez, creo, había perdido cuarenta segundos con respecto a mi grupo. ¿Y qué paso? Que forcé tanto a mi cuerpo durante la previa, con esa vejiga hinchada, que hizo que el estómago se me destrozara y me provocara una diarrea.

Cuando pasé por el equipo médico lo dije, ya digo, a veinte por hora, que es casi como si pasara un avión hablando. Todo esto en mi debut. Se logró enterar la doctora, porque se lo dije al jefe de equipo. Y después de tres o cuatro kilómetros más no aguanté, estaba reventado, me sentía fatal y tuve que volver a salirme de la carrera. Evacué y volví a meterme en el circuito de nuevo. Más adelante me tuvieron que decir dónde estaban los baños, porque aunque parezca una pesadilla, estaba ocurriendo de verdad. Y después de estas miserias para no dormir, en los kilómetros finales, pude remontar e hice entre los cinco mejores parciales de los últimos cinco kilómetros. No me acuerdo si acabé con una hora cuatro minutos pelados. Creo que fui el treinta y uno del mundo y obtuve mi primera medalla con la selección. Fuimos subcampeones. Jamás de los jamases hubiera imaginado que mi debut sería así. Desde luego no es como uno lo habría soñado, pero los resultados no fueron tan malos a pesar de los obstáculos que aparecieron.

Ya nunca he vuelto a tener problemas para ir al baño antes de una prueba. Si tengo que ir veinte veces, voy, no pasa nada. Fue otro momento de aprendizaje de una intensidad tremenda que me sirvió y mucho para mis siguientes comparecencias con la selección española, y desde luego inolvidable, porque me acordaré de ese día mientras viva. Y también de la cara de la doctora, que era Carmen León.

Entre una cosa y la otra perdí más de un minuto y pico, hubiera hecho marca muy buena, pero la lección me sirvió. Eso sí, estuve una semana enfermo, porque había llevado mi cuerpo tan al límite que lo pagué. De ahí la habilidad de cada uno para gestionar esos aprendizajes y convertirlos en herramientas que sirvan para la evolución y el crecimiento.

> **El éxito no llega de la noche a la mañana,**
> **por muchas expectativas que tengamos**
> **o tengan sobre nosotros.**
> **Es necesario caernos, confundirnos, tropezar**
> **y reconstruirnos.**

Cuantas más experiencias negativas tengas, más herramientas crearás, más crecerás, más te obligará la vida a desarrollar el talento. Cada mal aprendizaje se convierte en una oportunidad, un recurso del que tirar mañana. Si lo lleváramos a las matemáticas, todo lo que te ha dividido, todo lo que te ha restado, se convertirá en el futuro en sumas y multiplicaciones.

Ya te habrás dado cuenta de que no tardé mucho en saber que el alto nivel era cruel, y por eso me obsesioné por descubrir dónde estaban los límites del cuerpo y por aprender a convivir con el cansancio y el agotamiento. Cuando me preguntan que cuándo me voy a retirar, siempre les digo que cuando me canse de estar cansado, porque eso es ser deportista: estar dispuesto a poner al cuerpo al límite. Y si no estás cansado, es que no estás entrenando lo suficiente y no tienes afán de superación.

Creo que haber trabajado el cuerpo durante estos años ha dado sus frutos y, ahora, cuando afronto carreras largas de esas de siete días, veo la evolución. Los comienzos son muy duros, pero según pasan los minutos, cuando la progresión normal es ir hundiéndose, yo noto que voy creciendo. Que me voy adaptando y que tolero cada vez más el cansancio.

Esto no se consigue de un día para otro; con el paso del tiempo se van desarrollando técnicas. Vamos a empezar por el principio. Estás entrenado —esto te puede pasar en una situación o en otra— y ante una dificultad tu cerebro lo que hace es atajar el problema de manera radical y la primera respuesta que tiene, la primera que propone de manera instintiva, quizá usando estadísticas, es pararse.

Cuando empiezas a correr lo más normal es que vayas cansado, que te duelan las piernas, que de pronto sientas flato. En un primer momento ante la más mínima dificultad aparece el «no puedo». Ese «no puedo» es síntoma de lo que va a ocurrir, el desencadenante de la tormenta, del tsunami, de la tempestad. Hay que desarrollar esa habilidad para ser capaz de anticiparse porque, si no lo logras, estás perdido. Vas corriendo, se te enciende el «no puedo» y paras… Te has rendido. Tu cerebro ha ganado la partida en el primer envite.

Hay que trabajar la mente, llegar a conseguir que el cerebro sea flexible —que debata ante las dificultades—, ha de ser capaz de evolucionar y ante ese bloqueo, esa opción de pararse, conseguir plantear otras alternativas. Integrar alguna variable más para que pueda elegir. ¿Qué riesgo asumo si hago cien metros más? ¿Qué pasaría si en vez de detenerme ahora continúo? Al hacerte estos planteamientos estás obligando a tu cerebro; le estás dando alimento para forzarle a que sea más flexible, se proponga otras alternativas y supere el bloqueo inicial.

Intenta dialogar con tu cuerpo y cambiar esa tecla de borrado directo para hablar con él. ¿Qué ocurre si voy mal y aguanto siete segundos más? Es la manera de ganarle la batalla a la cabeza y romper sus mecanismos. Pensar que hay otras opciones hace que tu cerebro piense en otra cosa y, además, le has ganado la primera y repentina batalla. Ya le has engañado. Aprendemos a darle la vuelta a esa espiral tan negativa y tóxica porque solo nos lleva a zonas oscuras de malos pensamientos. Esa tentativa al «no puedo» hay que posponerla todo lo posible.

Todo se entrena y se puede vencer. Cuanta más experiencia tengas, antes te anticiparás y antes serás capaz de poner en funcionamiento esas herramientas que minimizan los riesgos y prolongan por más tiempo el enfrentamiento con el «no puedo». En realidad, da igual si te estás enfrentando a una carrera o a un problema que tengas que solucionar en tu vida. Si te dedicas a escribir y has entrado en bloqueo, tu primer instinto, lo que te dice el cerebro en primera instancia, es que pares. Pero puedes avanzar y buscar los distintos prismas desde los que seguir viendo el problema que te ha inmovilizado desde otro enfoque. Es curioso, pero muchas veces solo por cambiar el foco superamos el bloqueo inicial.

Intenta ponerlo en práctica en tu vida, en las cosas mundanas. Y en las carreras, por supuesto, pero ganar la partida a la cabeza supone un paso de gigante. Mucho más de lo que nos pensamos. Es esa barrera la que en ocasiones nos bloquea nuestros propios sueños y, al no plantearnos nada más, los dejamos morir ahí. El trabajo, el esfuerzo, el entrenamiento mental, tiene mucho que decir. Rebuscar hasta que encuentres un sí que haga frente a ese «no puedo» te puede dar alas.

En las pruebas que hago en los desiertos hay etapas de ochenta o noventa kilómetros, y en ellas no es que tengas un instante de «no puedo», es que en realidad se van sucediendo varios a lo largo de distancias tan largas y, además, tan duras de afrontar. En ese recorrido hay momentos en que te duelen las piernas —o cualquier otra parte del cuerpo—; es dolor en mayúsculas, pasas hambre, pasas sed, pasas por diferentes estados de ánimo… Es una noria emocional y es fundamental aprender a gestionarlos. Es decir, cuando todo va bien, estupendo, el objetivo es mantener que eso siga así y que las cosas no decaigan. Pero cuando empiezas a flaquear —y vas a flaquear sí o sí—, hay que disponer de ciertas herramientas. Y una de las que yo uso es la música.

En etapas de diez o doce horas es un estímulo saber que a partir de la cuarta voy a poder escuchar música para aliviar el dolor o simplemente mi soledad. Es una manera de estructurar el tiempo. Primer aliciente para hacer frente a la primera parte. Esta es fácil, la difícil vendrá después, pero ya estoy poniendo medios. La cosa irá a peor, siempre va a peor en este tipo de competiciones.

Otra herramienta que utilizo es traer a mi mente estímulos positivos que me hagan cambiar mis pensamientos para que no me hagan pensar en lo mal que voy, porque ya lo sé; me lo dice mi cuerpo, mis piernas a cada paso y, por si fuera poco, me lo va recordando también mi cerebro. Le voy a dar otra cosa en la que concentrarse para desviar mi atención del problema. No puedo aspirar a otra cosa. Para eso pienso en cada uno de mis hijos y establezco un diálogo interior con ellos. Si escuchara a mi cerebro, pararía, bebería agua y le haría caso a eso de «afloja, que estás reventado, y recupérate, que todavía queda mucho y no puedes con tu alma», pero en ese momento intento establecer una comunicación imaginaria con mi hija y eso me hace no pensar en el dolor de piernas. Ese estímulo positivo me evade. Aunque a veces el dolor que siento es tan brutal que hay interferencias en esa conversación imaginaria con ella. De repente voy mal y la vuelvo a retomar, ¿de qué estaba hablando yo? Me habían invadido esos malos pensamientos de los que hay que huir. Con tres hijos, durante quince o veinte minutos logro evadirme, retrasar el problema, que no está nada mal. ¡En este caso me hubiera favorecido tener más hijos para poder alargarlo!

Vuelvo a vencer durante otro rato las sensaciones de fatiga, de cansancio, o las ganas de mandar todo a freír espárragos. Al final es un modo de engañar constantemente a la mente, un desvío de atención; aunque la situación es complicada, es necesario encontrar más focos en los que pensar para seguir avanzando.

Otra cosa que me ayuda es concentrarme en mí, he aprendido a escucharme. Me he dado cuenta de cómo respiro, cómo llevo los brazos en carrera, cómo apoyo los pies, cómo se desplazan en momentos de dificultad. Consiste en hacer una visión interior mucho más potente. Cuando estableces un diálogo contigo mismo, en esa búsqueda interior, desaparecen las sensaciones de fatiga. Lo analizas, porque incluso eres capaz de plantar cara al dolor. Claro, me duele, pero es normal. Llevo tres días corriendo, llevo encima una mochila que me pesa cinco kilos y tengo heridas. Lo lógico es que esté cansado, igual que todos mis rivales. Tener estrategias mentales te ayudan. En última instancia, es plantarte en duelo con tu dolor y decirle «bueno, aquí estoy, estamos los dos aquí y voy a terminar la carrera». Tienes que sentirte vencedor.

Conclusión: existen herramientas que, dependiendo de tu actividad, te ayudarán a desviar tu mente, te conectarán con tu canalizador de energía y transformarán y cambiarán los malos pensamientos. Desde luego son herramientas que hay que trabajar; no aparecen por inspiración divina el día de la carrera, pero para eso tenemos muchas jornadas de entrenamiento.

Cuando creas que va a surgir la frase «estoy fatal» —o cualquier pensamiento negativo—, debes tener preparada la otra positiva de «los otros tienen que ir finos, porque si yo no estoy bien…». Tienes que obligarte a buscar esos trucos que en ocasiones son sencillos de encontrar y en otras suponen un verdadero esfuerzo, porque tu cuerpo ya está al límite, pero para eso también has trabajado. Son soluciones ante problemas que sabes que te van a asaltar antes o después, porque lo has sentido y sufrido en los entrenamientos. Es la clave ante los momentos de dificultad: entrenar y tener listas tus herramientas.

11

La necesidad y el hambre

Hay ciertas preguntas que me formulan una y otra vez. Ya lo he dicho. «¿Por qué lo haces? ¿Qué necesidad tienes de seguir corriendo y compitiendo?». ¡Pero cómo no voy a tener necesidad! La necesidad no es más que el reflejo de las ganas de vivir, de sentirme activo, enérgico. Voy a los retos por la motivación que me suponen y más todavía para poder disfrutarlos con intensidad.

Sin necesidad no sería capaz de levantarme de la cama, de esforzarme, de ponerle una sonrisa a la jornada, a pesar de que me sienta agotado, porque los deportistas vivimos en un estado de fatiga constante. Entrenamos para ponernos al límite y probar hasta dónde es capaz de llegar nuestro cuerpo.

Antes hacía doscientos kilómetros y pico a la semana y ahora hago alrededor de ciento cuarenta. ¿Y por qué? Porque cuando no tenga necesidad de ello tampoco tendrá sentido la necesidad de superarme. Correr es mi camino, en el que conecto con lo que soy. Pero cada uno tiene el suyo.

> **Quédate donde encuentres que fluye la energía, explótalo al máximo todo el tiempo que puedas porque al menos darás sentido a tu día a día, a pesar de que haya gente que no entienda esta necesidad.**

Para evolucionar, para crecer como profesional y como persona, esa necesidad tiene que estar acompañada del hambre, que es lo mismo que hablar del deseo de no dejar de ser mejor, de superarte. Creo que todo está por llegar, no le echo cuentas al pasado, ahí está, como bagaje y estructura vital, pero nada más. Ya lo he comentado: nunca vamos a ser más jóvenes que en este preciso momento. Atrapémoslo.

Me da la sensación, tal vez es por la perspectiva que da el tiempo o por el cambio generacional, no lo sé, pero me da la sensación de que hoy la gente joven ha perdido ese deseo tan potente de superación, de alcanzar los retos a pesar de las dificultades, de no quedarse paralizado ante los primeros bloqueos, de desarrollar las herramientas necesarias para avanzar, por muy difícil que resulte el camino. Esa necesidad de perseguir un sueño, aunque te condicione todo lo demás. El hambre por esa medalla que calme la sed, que sea lo suficientemente plena y satisfactoria para sanar esa ansiedad; y esa parte no la cura el dinero. La única manera que yo tengo de curarla es llegando a los objetivos o, en muchos casos, sin lograrlos, de dejarme la piel en cada uno de ellos, de prepararme y pelearlos hasta el final por muy complejas —o incluso por muy crueles— que se pongan las cosas.

Todo lo que forma parte de un impulso para una mejor versión compensa mucho más que el dinero. Es el instinto animal de soñar a lo grande.

Me parece que los sueños de ahora son menos ambiciosos, más políticamente correctos, como la nueva sociedad que estamos creando, y aquí tenemos mucho que decir los padres con la educación que damos a nuestros hijos. No les falta de nada, es verdad, pero les incita a sufrir lo justo. Se pierde en el camino ese gran instinto de dar rienda suelta a las grandes motivaciones sin renunciar a ellas, aunque parezcan imposibles. El hambre hace que no pongas límite a tu potencial. Yo tenía muchísima y aún la conservo.

12

LA DIGESTIÓN DEL FRACASO:
LAS SETENTA Y DOS HORAS
INTERMINABLES

Ahora lo tengo totalmente integrado, pero recuerdo que antes el proceso del fracaso era temible. Cuando terminaba una competición en la que no había cubierto el objetivo —que era casi siempre—, el día era espantoso. Mi cabeza no acababa con la carrera. ¡Ojalá! Aquella película se hacía interminable. Las veinticinco vueltas de la carrera real se alargaban y, una vez que había acabado, podía llegar a dar cien o ciento veinte repasando al milímetro todo lo ocurrido. Analizaba por qué había pisado aquí y no allí, por qué no había acelerado en ese preciso momento, los giros, llegaba a ser enfermizo. Y si era un *cross,* igual. Nada cambiaba. Eran momentos muy duros.

Si la competición se hacía un sábado, el domingo era de pena. Y el lunes tenía que enfrentarme a la gente. Me preguntaban y debía analizar ante ella por qué las cosas no habían salido bien, dónde había estado el fallo, porque como es lógico no era día de felicitaciones, de esos hay muy pocos, de los de «menudo carrerón». Primaban más aquellos de «mal asunto, ¿no? ¿Qué te pasó? Qué pena...». Y tú debías dar explicaciones de lo que había ocurrido. Y había que volver a entrenar, porque el tiempo para las lamentaciones de un deportista se pasa preparándose de nuevo.

Cuarenta y ocho horas después aún tenía poso de ese ardor, de ese mal sabor de boca de lo que había pasado. A las setenta y dos horas había hecho el análisis, lo había digerido, no había parado, por supuesto, pero mi mente estaba preparada una vez más para el siguiente objetivo. Había llevado a cabo la transformación. Había seguido con los entrenamientos y había pasado mentalmente por el fracaso, la frustración y de ahí al análisis conmigo mismo, que creo que era lo peor, porque iba a cenar y pensaba en la carrera, y me iba a la cama y seguía pensando en la carrera. Corriendo conectaba con el mundo y cuando era capaz de decirlo a los demás era cuando empezaba a curar esa derrota. Y así una y otra vez.

Creo que son sentimientos por los que pasamos todos los deportistas. Ese malestar, esos primeros encuentros con el público, las explicaciones.

Y luego tenemos un sueño. Lo curioso es que hay uno recurrente en todos, un sueño en las jornadas previas a la gran carrera, y es que llega el día, te pones a correr y tus piernas no van, se atascan, van muy despacio, y es agobiante, después de todo el esfuerzo… Llegar al gran día y paralizarte. Lo único bueno es que al despertar te das cuenta de que tienes una segunda oportunidad. ¡Era solo un mal sueño! Increíble cómo funciona la cabeza y cómo los miedos te azotan en cualquier momento. ¡Hasta dormido!

> **Despiertos soñamos con grandes objetivos, unos los contamos y otros son tan íntimos que ni siquiera a veces somos capaces de compartirlos.**

Al final todo forma parte del aprendizaje. Aprendes a controlar la presión y hasta a dormir. Recuerdo que en las etapas de gran responsabilidad, en las que me jugaba muchas cosas, la noche antes era difícil conciliar el sueño. Me convencía de la importancia que tenía el descanso del penúltimo día, de la previa, y ya que dormir me resultaba difícil, al menos intentaba controlar el cuerpo para que estuviera relajado y en modo descanso. Jugaba con el corazón para bajar las pulsaciones y controlar las emociones, pero para esa labor necesitas aprender. Hay que aprender a gestionar toda la información y procesar los cambios anímicos; somos como fórmulas uno y en décimas de segundo nos jugamos todo. En ese tiempo, imperceptible para la mayoría de las personas, nosotros nos jugamos tener una medalla o perderla, el éxito o el fracaso, llegar a España, tu país, con una victoria o no. El cambio es tan brutal que aprender a gestionar esa presión es uno de los retos más importantes.

Cuando las cosas no salen bien, sabes que no te estará esperando nadie a la vuelta, que no habrá recibimiento. Por eso el buen deportista y la gran persona es el que es capaz de hacerse y construir a partir de los malos resultados, porque el éxito no se puede mantener de manera constante. Ni en el deporte ni en la vida.

He vivido años al límite preparando todos los días a tope un objetivo y, si no lo lograba al año siguiente, no había contrato ni beca; partía de cero de nuevo. Una y otra vez. No vivía con la tranquilidad de saber que tenía el futuro resuelto, sino que, si no llegaba a cumplir las expectativas, existía ese agravante de que no había dinero. Eso hacía que viviera siempre al filo, multiplicando la presión. Así es el deporte profesional, todo muy a corto plazo.

En España, en Barcelona 1992, se hicieron becas de cuatro años; luego cambiaron de nuevo y pasaron a dos, y después hubo que volver a jugarse todo cada temporada. A partir de cero, con lo cual mi vida deportiva siempre ha estado supeditada a los resultados. Te acostumbras a vivir con esa presión. Lo bueno es que el dinero siempre ha sido algo secundario para mí. El motor vital era conseguir los objetivos que me había planteado, que hoy sigue siendo el eje que mueve mi mundo. Creo que el dinero no llena, puedes tener muchísimo y sentir el vacío. Y no encontrar la energía para marcarte un reto mínimo. Entiendo que para otras personas sea muy importante, pero en mi caso no lo es. Es cierto que es una herramienta para la felicidad, pero no una en sí misma.

Conseguir medallas, marcas, superarme como deportista... ha estado muy por encima de todo. Es más, hubiese cambiado el dinero que he ganado en mi vida deportiva por haber conseguido una medalla olímpica, a pesar de que en el presente no me hubiera reportado grandes diferencias. En lo personal, sí. Esa ambición que he tenido por el deporte, por competir de tú a tú con los mejores, porque un estadio coreara mi nombre… Trato de absorber todas esas experiencias vividas y aplicarlas a la vida normal.

Ahora participo en un tipo de carreras que son totalmente distintas. Ya sean en un desierto, en la selva o en la nieve. Cuando alguien me dice que otro compañero está muy fuerte, ya no siento miedo o presión; pienso que llevo toda la vida corriendo con los mejores que, además, han sido los mejores corredores de la historia. Lo que ahora tengo claro es que voy a cada carrera a dar lo mejor de mí, el cien por cien de lo que soy, de lo que llevo dentro y acorde a como me he preparado. Y eso es lo que preocupa.

La carrera siempre te pone en tu sitio, y si mis rivales son buenos y se han preparado bien, tendrán opción de ganarme, pero ya no me inquieta lo que rodea a la carrera, me inquieta dar todo lo que soy capaz y me puedo seguir exigiendo a estas alturas.

> **El mayor enemigo que tenemos está en nosotros mismos.**

Creo que para mi evolución ha sido clave aceptar mi situación y mantener constante —ya sea en el alto nivel o ahora mismo— el optimismo para generar la energía a través de los retos. El límite me lo pongo yo, siendo consciente de mis limitaciones.

Hoy me sigo poniendo nervioso antes de muchas carreras, y es maravilloso, es lo mismo que decir que me sigo sintiendo vivo. Este año, en una de *snowrunning*, en Sierra Nevada, que fue la primera que hacía en mi vida, iba con Oswaldo, un amigo, que me decía:

—Chemita, qué bueno verte nervioso.

Estaba concentrado. Cuanto más me importa el reto, más nervioso me pongo. Es un estado de excitación. El corazón me late más deprisa, está preparado, es como cuando le das dos acelerones al coche, una sensación parecida, sabe que le vas a poner al límite y está generando adrenalina. Si en alguna carrera no estoy inquieto, es que me la tomo más como un entrenamiento, como el paso a otra cosa, algo más rutinario.

Gracias a la participación en la carrera de la nieve en Granada, que fue una experiencia increíble, a tres mil metros de altura y con esa sensación de falta de oxígeno, me propusieron presentarme al Campeonato de España de Raquetas —no había visto una raqueta en mi vida—. Quién iba a decirme a mí, que casi con cincuenta años, podía estar pensando en nuevas motivaciones. Conseguí la medalla de bronce y se ha barajado la posibilidad de acudir el año que viene al Campeonato del Mundo.

Destacar en una disciplina no solo me estimula, es que puede llegar a excitarme. Intentar demostrar la valía y el potencial y descubrir al mundo mis talentos una vez que ya no soy deportista de alto nivel, con la posibilidad de sorprenderme a mí el primero y después a la gente, me parece un regalo maravilloso.

Hay deportistas que entregan su vida y no ven resultados, porque es muy complicado. Eso sí, la experiencia es brutal: el aprendizaje sobre las emociones, la toma rápida de decisiones y el conocimiento sobre uno mismo. Creo que ahora soy capaz de hacer un análisis exhaustivo de lo que pasa por mi cuerpo e incluso de cuando se me va la cabeza en cuanto a los objetivos.

Te quiero demostrar con mi experiencia que en la vida a veces se cierran unas puertas y se abren otras. A mi edad estoy descubriendo disciplinas nuevas en mi propia disciplina para la que he entregado todo. Cuando te crees que lo sabes todo y que has tocado techo, te das cuenta de que no es así, pero eso en gran parte depende de ti. De cada uno. Sentado en el sofá de casa será complicado que pasen las cosas. En movimiento es más fácil que ocurran, porque no te olvides de que el mundo, y nosotros en él, está en constante movimiento. ¿No crees que es mucho más interesante formar parte de él?

13

LAS SUPERSTICIONES Y LA CABEZA RAPADA

Creo que puedo afirmar que no soy supersticioso, y que me he empeñado en no serlo a lo largo de mi carrera, o por lo menos desde que soy consciente de ello.

Hay ocasiones en que consigues un buen resultado y lo que quieres es tener controlado todo lo que ha ocurrido con el fin de reproducirlo con exactitud la siguiente vez. Mecanizarlo, repetir los pasos que te han llevado al triunfo. Pero no los deportivos de la preparación, del entrenamiento, en la planificación o trabajo, sino los más externos, los rituales, incluso las cosas más absurdas.

He llegado a ver a gente que competía y, si le salía bien, acababa por llevar una bolsa pequeña con los abalorios de la suerte, en la que se incluían las zapatillas, los calcetines, los calzoncillos, las gafas… Pulseras, anillos, etc. Por supuesto, todo bajo la etiqueta de la fortuna. Al final esto son inseguridades.

En mi caso he ido cambiando todos esos factores para no mantener un patrón de comportamiento y no estar sujeto a esa tiranía del azar que se podría convertir en una psicosis. Son barreras que yo mismo me podía llegar a crear por la inseguridad de no ser capaz de conseguir lo que ya había hecho. Entonces, si en una carrera me ponía gafas, a la siguiente no las usaba. Si en otra me ponía calcetines largos y me salía bien, a la siguiente no, y así con todas las cosas que se pueden usar y que son accesorias. La gorra, la tirita en la nariz para respirar mejor, las distintas zapatillas... Variaba mucho los condicionantes externos para que nada se convirtiera en un talismán imprescindible. No creo en la suerte, tan solo en el trabajo. Con una excepción: mi cabeza rapada.

Si te estoy contando que no he tenido ni tengo ninguna superstición, sí hay una manía que he mantenido durante todos los años que he estado en el alto nivel, que ha sido raparme la cabeza. Para mí era la manera de sentirme confiado. Era casi como creer que había firmado el pacto para plantar batalla y librarla hasta el final. Antes tenía el pelo largo, me lo corté para entrar en la mili y una cosa y la otra se fueron dando la mano. Sin darme cuenta —porque en ese momento no tenía la menor idea— fui construyendo mi marca personal. Más adelante te hablaré de la importancia de crear una marca personal.

Los atletas somos todos muy parecidos, delgados, no muy altos, y al ir rapado era más fácil localizarme entre los corredores. Creo que fui innovador y durante muchos años se me identificaba como un tipo flacucho, demacrado y sin pelo. Llamaba la atención porque solía estar en cabeza con los africanos, con un aspecto parecido, pero con otro color de piel. Yo lo único que sabía era que me miraba al espejo y estaba preparado para empezar la batalla, para llegar hasta el final, para afrontar el reto. Era una cuestión de reconocer mi propia persona así y me sentía como un «asesino» en las competiciones. No dejé de hacerlo durante dieciocho años.

Cuando terminé de estar en el alto nivel me fui a un desierto durante dos o tres semanas. Allí no me rapé. Empezaba a no depender de mi cabeza afeitada. De alguna manera era la forma de poner punto y final a una etapa, a una versión de mi vida, y aceptar y reconocer mi situación. Yo ya no era ese. Era el mismo, la misma persona, pero con una versión un poco diferente.

Creo que en verdad fue mi subconsciente el que decidió por mí. Fue el que me dijo que, a pesar de que yo no me quería retirar, había pasado mi momento. «Tú eres la persona, sí, pero no eres el mismo que antes. Tú ya no entrenas trece o catorce sesiones a la semana. ¡Reconócelo! Da un paso al frente, porque cuanto antes lo hagas, antes lo asumas, más fácil será que encuentres nuevos estímulos y objetivos vitales que te ayuden a seguir evolucionando». Algo así era lo que me estaba diciendo, aunque me costara escucharlo. Y así fue, así ha sido. Desde entonces el pelo creció y ahora forma parte de mi nueva versión.

Cuando dejamos de estar en constante conflicto con el mundo, más en armonía, estamos con la felicidad.

14

SOÑAR, ¿ES BUENO O MALO?

Te pregunto a ti, que estás leyendo estas líneas, ¿crees que soñar es bueno o malo? Los sueños muchas veces se convierten en un motor estupendo para seguir adelante, para avanzar, para lograr esa revolución interna necesaria y dar un paso más, o para tener esas cotas de fe que a veces nos faltan. Soñar es un poquito ver cuando somos conscientes de dónde nos gustaría estar, visualizar un lugar o un poso de esa felicidad que estamos buscando. Podría ser algo así. Para mí es importante.

No te marques límites, no importa soñar a lo grande, son tus sueños y solo te pertenecen a ti. Déjate llevar. En sí es una gran experiencia que no hay que despreciar, sino todo lo contrario, que hay que potenciar.

Los sueños son grandes aliados, generadores de energía que debemos integrar en nuestras vidas porque nos dan cosas buenas.

Es verdad que a veces fantaseamos con cosas irrealizables, pero se me hace muy complicado imaginar una vida sin sueños, tan plana y lineal. Desde pequeño yo soñaba con correr en el equipo nacional. Luego mis sueños me han llevado a una irrealidad. Por eso debemos estar preparados también para que ese choque tan brusco no nos genere una frustración que nos haga daño. Los sueños los debemos contextualizar, llevarlos a la persona, aceptando donde estamos. Sin embargo, aun así merecen la pena.

En conclusión: no dejes de soñar, persigue tus sueños, los que sean, como sean, evoluciona, adáptate a los cambios que te propone el mundo, todo con el fin de seguir avanzando, emocionándote, en la carrera de la vida. Siente cada día a través de tus emociones y no olvides que el deseo de vivir se convierte en la mejor de las motivaciones. En la vida, conseguir retos depende de ti. Hemos de soñar incluso despiertos.

Los Juegos Olímpicos para un deportista son palabras mayores, mayúsculas, gigantes, es como si hubiera todo un universo girando en torno a ellos. Significan tanto que incluso, en determinadas épocas de la vida, lo pueden ser todo.

He vivido a lo largo de mi carrera deportiva cuatro Olimpiadas, que es el tiempo que transcurre entre unos Juegos y los siguientes, y las he vivido de maneras muy distintas: unas de lleno y otras desde la distancia.

Una primera bala fue Sídney (Australia). Podría adornarlo hasta el infinito, y más ahora que ha pasado el tiempo, pero para qué. La realidad de aquellas Olimpiadas es que las podría bautizar como el fracaso de Sídney. Un atleta que no es capaz de gestionar los malos resultados jamás será un buen deportista, porque no hay una carrera que no tenga malos resultados. Es más, los buenos no llegan si no transitas por los malos. Pasa igual en la vida. Ya te puedes dedicar a otra cosa si no eres capaz de convertir esos momentos en algo positivo, en darle la vuelta, en digerirlo como parte del proceso, del camino; así son la mayoría de los días, puede ser porque algo no ha salido como te esperas o porque te duele una lesión.

Total, volviendo al tema, en Sídney hice dos mínimas en cinco mil y en diez mil, y la Federación decidió no llevarme, y eso que quedaba una plaza vacante.

Todos en algún momento nos enfrentamos a una «federación» que nos deja fuera. Aun así, me dijeron que siguiera entrenando y yo, ingenuo, seguí haciéndolo. Fue algo extraño, raro, pero también son cosas que pasan, obstáculos que hay que superar. Al año siguiente volví a correr un gran campeonato, esta vez sería en Edmonton, donde seguiría con la evolución.

Los segundos Juegos fueron en Atenas, y diría que fueron unas competiciones normales y corrientes, no resultaron los Juegos soñados, esa es la verdad. El lugar era maravilloso, pero no tengo un recuerdo especial. Sí de estar en la Villa Olímpica con los deportistas, que es lo mejor, porque te da la oportunidad de vivir experiencias y compartir vivencias con compañeros excepcionales que no tienes en otros momentos de tu vida. Y quizá es lo que me llevo de esa etapa, y eso no lo borra el tiempo. Pero no desfilé, no viví el movimiento olímpico como tal.

Llegamos —y se dice pronto así con la palabra, pero deben pasar sus cuatro años— a China, a Pekín 2008. Fueron mis Juegos Olímpicos en plenitud y ahí sí que decidí que quería ser campeón, porque me lo pedía el cuerpo y porque de alguna manera tenía la sensación de que era en ese momento o nunca.

Me preparé de una manera increíble, puse toda la carne en el asador y me entregué en cuerpo y alma. Tenía treinta y siete años. Ese año había ganado la maratón de Madrid e hice marca personal en cinco mil. Llegaba en muy buena forma. Me fui un mes antes de que empezaran los Juegos a China para aclimatarme. Había muchos desafíos que asumir, entre ellos el tema de la polución y la altura. Iba a entrenar por la Villa Olímpica como un loco a veinte por hora y estaba totalmente adaptado, pero es verdad que estaba todo muy gris, y que cuando salía a correr y escupía el esputo era negro. Cuando quedaba una semana para la celebración, por lo visto pusieron unos cohetes con yoduro de plata para provocar lluvias y así fue, llovió y cambió todo. Se notó muchísimo.

Esos Juegos coincidieron con uno de los mejores momentos de mi vida, y también con uno de los mejores momentos de otros deportistas etíopes, keniatas... Ser campeón olímpico no era nada fácil.

Quería ser campeón, estaba mentalizado si se daban las condiciones de carrera y lo cierto es que no se dieron. Fue una carrera muy loca y muy dura. Mantuve la ilusión del sueño olímpico hasta el kilómetro dieciséis-diecisiete y luego me reventaron a base de cambios de ritmo. No recuerdo del todo, pero creo que llegué a quedar el catorce. Sin embargo, en esta ocasión —y no siempre ocurre así— terminé feliz porque no renuncié a mi sueño, porque fui con la cabeza y el cuerpo en plenitud, y porque lo peleé hasta el final. Y con eso a veces vale. No me quedó el poso de ¿y si…? No me quedó nada que echarme en cara, ningún resquicio de esfuerzo. Las cuentas saldadas.

En 2012 llegamos a Londres, que fue el cierre de mi sueño olímpico. Me rompí la fascia ese año y no pude correr. Lo intenté en diez mil y también en cinco mil, seguramente con una mala planificación, y me fue mal. Traté de ir a los Juegos con la idea de poner el broche a mi carrera deportiva, pero no fue en Londres.

Tuve la suerte de ir a la maratón de Nueva York —me dieron el dorsal con el número cuarenta y dos, que sabían lo que significaba para mí—. Podría haber sido este un buen final, redondo. Pero tampoco lo fue. Reventé.

Nosotros somos los que podemos reescribir el final las veces que hagan falta.

Así que de alguna manera sigo alargando mi adiós deportivo hasta que encuentre ese broche que esté a la altura de lo que creo que ha sido mi trayectoria. Sin embargo, si tuviera que elegir un punto de inflexión en mi carrera de alto nivel, ese punto clave que sirvió para fragmentar de algún modo las dos vidas dentro de mi vida deportiva, sería Vallecas. Lo puedo situar como broche de oro.

Ya te he contado que había pensado que mi despedida fuera en los Juegos Olímpicos de Londres y no fue; tampoco en Nueva York. Así que ese 2012 corrí la San Silvestre Vallecana. Intenté ganar, me cegaba la emoción porque había más de medio millón de personas y casi todos me animaban a mí. Iba en el grupo de cabeza y competí, por supuesto, con el corazón, como lo he hecho siempre, y me entregué a tope hasta el kilómetro siete, pero la carrera tenía diez. Esos tres kilómetros últimos, que ya de por sí Vallecas es cuesta arriba, se me hicieron un mundo, durísimos. En el siete dejé de pelear por el podio, pero en parte sentí que era un colofón porque había sido fiel a mi manera de entender la profesión de principio a fin, me había entregado, lo había dado todo, no me quedaba más.

Sufrí mucho ese final porque cada vez tenía menos fuerza. No llegaba al estadio. Al acercarme, todo iluminado, por ese túnel que se ve a todos los espectadores, la gente empezó a corear mi nombre. Cuando me quedaban cien metros para entrar me paré y comencé a caminar, ¡fue tan emocionante lo que pasó! Todos seguían gritando mi nombre, llegué superemocionado y me puse a llorar. No había entrado ni segundo, ni tercero, ni cuarto, ni sexto... No sé si llegué noveno. Aun así, posiblemente haya sido de los momentos más bonitos de mi vida. Por eso, si tuviera que poner un punto y aparte a mi carrera deportiva, sería este.

Es una carrera increíble, una de esas en las que he participado de forma activa para que la gente empezara a correr —he sido el último español que la ha ganado hasta la fecha—, y desde luego me ha dejado huella.

Ese momento lo sentí como el mejor premio. Ni aunque hubiese ganado, hubiera superado todo el cariño recibido. A partir de ahí me di cuenta de que se había acabado. Tuve que pensar dónde estaba. Ese poderío físico se estaba apagando y era hora de seguir avanzando. Vallecas marcó un antes y un después. No he vuelto a competir en esa carrera. Cuando gritaban mi nombre siempre pensaba en la suerte que tenía, porque iba con más corredores españoles y el único que coreaban era el mío. Tiene tantas connotaciones especiales que de alguna manera se ha convertido en algo intocable. Esta carrera es sagrada. Si echara la vista atrás, a todos los años en activo, y tuviera que hacer recuento de las vivencias más emotivas, sin lugar a dudas esa San Silvestre Vallecana me vendría a la memoria. Y ahí queda. En mi ciudad, con el estadio lleno, y entrando caminando para disfrutarla más, para intentar detener el tiempo.

Si por mí fuera, ya te he dicho que estaría toda la vida corriendo, porque realmente creo que he nacido para competir —soy un competidor nato—, pero ya no estoy preparado para hacerlo con los mejores, y eso cuesta muchísimo asumirlo. Es la gran complicación a la que nos enfrentamos los deportistas: dar el paso y admitir que el momento ha pasado, sentir el miedo a no ser protagonista, a no tener un papel estelar, a ser alguien más en el mundo, aunque desarrollemos otros talentos que no conocíamos y lleguemos a deslumbrar. Pero vivimos muy cómodos en nuestra burbuja hecha a nuestra medida, y cuando sentimos que esta se puede resquebrajar y que se acercan los peligros, se encienden las alertas de los miedos, las inseguridades y no queremos ver que ese final llega. A veces lo camuflamos. A veces pensamos que somos infinitos.

Recuerdo que muchos periodistas, cuando me entrevistaban, me decían: «Ya para el año que viene…», y yo no lo entendía, porque yo me sentía bien. Me negaba a asumir que tenía un declive físico, porque estaba convencido de que podría estar compitiendo eternamente.

Al final lo he asumido, aunque me ha costado mucho más tiempo de lo que imaginaba. De hecho, todavía hay días que entreno y me doy cuenta de que ahora me cuesta un esfuerzo lo que antes no tenía ningún misterio y que ahora me dejo el cuerpo y el alma para ir a los ritmos que iba antes. Eso me motiva como atleta, doy más valor a cómo me enfrentaba a los africanos y pienso que era una máquina de acumular entrenamientos, a pesar de que esto precisamente a veces hacía que me excediera y no llegara a coger el punto exacto de entrenamiento. También me doy cuenta de lo obsesivo que llegué a ser —y que sigo siendo—. Tengo esa necesidad de hacer todo perfecto y, si no lo hago muy bien, no siento esa sensación de bienestar. Por eso, ten mucho cuidado, porque lo que puede ser una virtud, se te puede volver en contra.

15
SABER ATRAVESAR LOS MUROS

Los muros son una metáfora. Surgen en la maratón cuando llevas tu cuerpo al límite ante esa impotencia de seguir avanzando, ante ese punto de debilidad en el que parece que te ponen uno encima que evita que sigas progresando. Es como si ese muro metafórico te superara y te resultara imposible llegar a la meta que te has planteado y por la que llevas luchando, en algunas ocasiones, durante mucho tiempo.

Esos muros pueden ser vallas de hojalata o verdaderas murallas chinas. Y puede que no solo transites por uno, sino que tengas que atravesar dos o tres durante una carrera, al menos esa es mi experiencia. Al final suele ser falta de entrenamiento en sus distintas versiones. O una mala respuesta a un mal objetivo. Haber tomado una decisión equivocada en carrera, quizá no haber sido honesto y haberte fijado una meta que no te correspondía. Haberte pasado durante la carrera y haber hecho más de lo que podías y no haber ahorrado energía para el momento que te fuera necesario. No haber sabido calcular, medir tus fuerzas, tu potencial, reconocer tus facultades.

> **El muro nos lleva a lo terrenal y al infierno.
> Pone freno a todo y son situaciones que
> tenemos que pasar.**

A lo largo del camino te vas a encontrar con muchos muros —como puede ser una muerte— que parte tu existencia en dos y la descompone.

En lo deportivo tal vez te hayas excedido y el cuerpo responde ante una situación de máximo riesgo, porque no puedes más y debes saber solucionarlo. Ya te he dicho que normalmente es una falta de entrenamiento. Como no hemos entrenado tanto no somos capaces de llegar al objetivo planteado. Es la respuesta fisiológica ante una debilidad del cuerpo destrozado que no tiene más recursos porque no hemos gestionado bien la energía. Si lo has hecho bien, ese muro lo pasarás como una barrera absolutamente salvable. Si lo has hecho mal, puede ser un mazazo terrible de puro hormigón.

En tu día a día, cuando te encuentras con una situación límite, ¿cómo la superas? En este caso un muro es encontrarte con una circunstancia extrema que no dominas, que no es buena, que te impide llevar a cabo el objetivo que te habías planteado y que frena tus expectativas. A veces puede ser una falta tremenda de energía o unos resultados estrepitosos. Puede ser que afecte a tu cuenta de resultados, las ventas sean penosas y te aboquen al límite.

Haberte encontrado antes en el horrible disparadero de verte cara a cara con un muro te curte y te da esa perspectiva de haber salido de ahí. De desarrollar ciertas herramientas, de corregir errores, de rebobinar hasta saber dónde está el fallo… Qué se puede mejorar, cómo estar más fuerte, más preparado para afrontar situaciones difíciles. Si la persona tiene experiencia, cuenta con un buen equipo a su cargo —hablaremos de esto más adelante— y ya ha pasado por eso, será capaz de anticiparse, quizá antes de llegar a ese muro tan explosivo y tan imponente.

Es decisivo detectar que no has tomado las decisiones correctas para retomar el mando y el camino adecuado. El camino elegido tal vez es acertado para otra empresa, pero no para la tuya. Esa flexibilidad, en un mundo que se mueve, es de vital importancia para dar con la clave exacta en el instante oportuno.

Si es una muerte, sabes que debes pasar el luto, rodearte de gente favorable, sabes que debes intentar sonreír, aunque no puedas, y ayudarte de las personas que tienes cerca. Sabes que pueden ser tu sostén cuando creas caerte. Aprende a anticiparte a la situación y gestiona mejor tus energías para retrasarlo un poco; con trabajo y experiencia serás capaz de asumir riesgos.

En el ámbito deportivo siempre llevamos el cuerpo al límite y siempre asumimos más riesgos de los que deberíamos, con lo cual el muro suele aparecer sí o sí. Aquí no hay medias tintas: o vas con todo o no vas, porque las medias tintas nos llevan a ser deportistas mediocres que no consiguen nada.

En esta nueva etapa que afronto ahora, con pruebas tan largas y duras como son los ultras, me he llegado a topar hasta con tres muros. Con tres momentos de dificultad absoluta en los que he sentido que he llevado mi cuerpo tan al límite que no podía más, tanto que no era capaz ni de caminar. Hasta ese punto. Pero como todo lo que sucede en la vida deportiva es un aprendizaje, sabiendo que el muro va a aparecer por distintos motivos —por falta de coherencia, por fijarte en los objetivos de los demás y no en los tuyos, por haberte salido de tu camino y haberte metido en el del otro—, ya sé que hay líneas que no debo rebasar o asumir que va a presentarse y desarrollar las herramientas para pasarlo lo mejor que pueda.

Pero los muros, que en realidad son el puro infierno, ese socavón en el que caes y no puedes salir, son parte de la vida. Por mucho que te prepares, por mucho que intentes evitarlos y que pongas todo de tu parte, están ahí y forman parte del camino. Asimilas, aprendes de tu mala gestión, conoces, sumas y multiplicas. Y cuando crees que te lo sabes todo, vuelves a empezar y te persiguen. Y así toda la vida.

16

LA FELICIDAD EN ETAPAS
Y EL VÉRTIGO DEL TRIUNFO

A hora nos tomamos mucho tiempo para pensar en la felicidad, y, si nos damos cuenta, cuando más felices somos es cuando no necesitamos pensar en ella, cuando nos viene dada de forma natural como pasa en la infancia. Esas sonrisas, vacías de presiones mayores, que iban encadenadas directamente a un estado de felicidad sin necesidad de mucho y llenas de todo.

En la madurez yo podría hacer dos etapas dentro de la felicidad: la que sentía cuando estaba compitiendo con la élite —en esos años en el alto nivel— y la que ha venido después, cuando he sido capaz de desarrollar mi talento en otras vertientes y he podido seguir explotándolo, haciéndolo brillar. Son cotas distintas de felicidad. También fases distintas de la vida.

¿Cuándo has sido más feliz tú? ¿Y qué es lo que te hace feliz? Esta última sería la gran pregunta, y quizá la que te deberías ir haciendo según pasa el tiempo, porque también evoluciona. Puede que lo que te hacía feliz hace veinte años no sea lo mismo que te hace hoy. O sí, ¿quién sabe? La felicidad a veces se convierte en ese gran misterio.

A lo largo de mi vida deportiva he pasado por momentos muy diferentes que podría clasificar de alguna manera por la intensidad de la felicidad. O algo que se le parezca.

Recuerdo que en un tres mil logré una marca de siete minutos treinta y nueve segundos en el estadio del Atlético de Madrid, el Wanda, la antigua Peineta, y ahora, cuando he vuelto con mi hijo Nico a presenciar algún partido de fútbol, le explicaba que aquí tenía una marca personal.

—¿Dónde? Si no hay pista —me decía.

—La hubo, la hubo —le respondía.

Me gusta la relación que tengo con algunos estadios por lo que he sido capaz de conseguir en ellos, se establece una relación íntima y casi diría que silenciosa.

Aquella carrera de tres mil la hice en un tiempo de agonía. No lo podría explicar de otra manera. Desde el primer metro hasta el último. Y lo recuerdo como algo excepcional. Lo curioso es que posiblemente ahora me aporte más felicidad que en su momento, porque fueron minutos y segundos de dolor absoluto, de no tener el menor respiro, y no recuerdo otra cosa que esa sensación de un tren que va sin tregua. El tres mil es una prueba muy corta, muy explosiva, en la que llevas tu cuerpo al límite, porque se puede aguantar. Vas a tope, al noventa y nueve por ciento.

Si estuviéramos hablando de intensidades y dando por hecho que en todas las carreras das tu cien por cien, habría que tener en cuenta que en una de cinco mil irías al noventa y siete por ciento de tu volumen máximo de oxígeno durante trece minutos; y en un diez mil, que ya es más tiempo el que tienes que mantener, al noventa y cinco por ciento. Como el tres mil es tan potente, es como si te faltara el aire, cuando terminas se multiplican por infinito las sensaciones de recompensa, la felicidad absoluta, aunque tienes el cuerpo reventado y necesitas unos cuantos días para recuperarlo. Para una prueba en la que hay acumulación de láctico, la recuperación mínima para el cuerpo es de cinco días —aunque sigues entrenando, con dolores, pero sin descanso—. El cinco mil es una prueba muy dura. Es una lucha cruel tuya con el cronómetro y no hay más.

La pista es ese lugar en el que estás desnudo, tu rival eres tú mismo, donde estás obligado a sacar todo de ti, tu potencial es este y lo debes exponer. Tienes que ser muy fuerte, estar muy en forma y muy seguro.

En las maratones es distinto porque hay lugar para las estrategias, intervienen otros muchos factores, cada uno juega su propia táctica y el que mejor la lleva a cabo es el que se hace con la medalla de oro, la plata o el bronce. Tú puedes ir hasta el límite de las fuerzas desde el primer metro o pensar en ser más conservador. Depende de tu madurez como deportista, de que hayas entrenado lo suficiente, de los recursos que tengas, de ser capaz de tomar decisiones durante la maratón, durante dos horas y pico en las que vas a estar disputando esa carrera. Es diferente.

Ya te he contado que en mi primera maratón hice una marca muy buena y que pensé que iba a ser siempre algo fácil. Que era una carrera que no tenía secretos para mí y que tendría mucho recorrido en ella. Luego la he sufrido, padecido e incluso diría que me ha dado cotas muy altas de felicidad, pero muy contadas. El resto se ha dedicado a hacerme la vida imposible. En las maratones he transitado desde la felicidad absoluta hasta la amargura.

Y esa curva de la felicidad depende también de los resultados, de cómo te vaya según los objetivos planteados. A veces puedes llevar una planificación durante la preparación y estar feliz en ese tiempo, pero al final estás expuesto al desenlace, al cumplimiento o no de los objetivos, porque tienes que responder ante ellos.

Ya te he dicho que una vez pasada esa etapa compitiendo con los mejores y preparándome como si no hubiera un mañana empecé a encajar y también a experimentar las cosas de otra manera. Es verdad que esa sensación que antes viví con mucha intensidad ahora es más pausada, es como una desaceleración de emociones que me hace aterrizar en la vida normal. En la actualidad manejo estos tiempos mucho mejor que en aquella montaña rusa, siento como si esta fuera de niños y viniera de haber estado metido muchos años en el Gran Dragón en cuanto a las emociones. Ese bagaje me hace llevar todo con mucha pausa y mi ritmo vital es más llevadero. He encontrado más sentido a la vida, aunque sé que no me van a regalar nada y que todo dependerá de mí. Antes, mi motor eran objetivos casi irrealizables, ahora soy capaz de fijarme metas terrenales y me siento más cómodo. Llevo una vida más tranquila —pero no paro— y tengo una armonía que me permite manejar con tranquilidad situaciones que podrían ser de estrés.

Las milésimas de antes en las que tenía que tomar decisiones vitales se han convertido en horas o días. Ese cambio me ha dado una perspectiva estupenda. Y nunca olvido que lo que haga o pueda llegar a hacer es fruto del esfuerzo, dependerá de lo que me llegue a implicar y quiera conseguir. Eso es clave en todos los ámbitos: hagas lo que hagas.

> **Si no estamos dispuestos a dejarnos la piel, a dar un paso más que los demás, a esforzarnos a pesar del cansancio, no llegaremos al lugar que deseamos, por mucho talento que tengamos, por muchas habilidades que desarrollemos.**

Si hablamos de felicidad me vienen a la cabeza las sensaciones que tenía cuando había cubierto el objetivo o esas expectativas que tenía sobre algo. Ese embudo de emociones que te dicen lo que has hecho, que te están ratificando lo que habías pensado. Esa sensación de nervios se traduce en que no eres capaz de generar saliva y se te seca la boca. Me acuerdo de estas sensaciones a la perfección cuando las viví al subir al podio en Múnich y escuchar el himno de España.

Muchas personas no son capaces de controlar los nervios, las emociones, por eso hay que desarrollar herramientas que ayuden, por ejemplo, en una entrevista de trabajo en la que te juegas mucho. Si generas saliva, engañarás a tu cerebro y le estarás diciendo que puedes controlar la situación. Todo eso que he vivido en momentos muy puntuales ha sido un banco de pruebas que me sirve ahora para abordar el día a día y que te cuento para que lo pongas en práctica cuando llegue ese día importante y sientas que estás a punto de desbordarte. Genera saliva y engaña a tu cerebro. Adelántate a él.

Se supone que la felicidad y el triunfo deben ir unidos, pero no siempre es así. Hasta que no consigues de verdad un buen resultado parece que tienes una excusa, pero una vez logrado, se vive después con mucho vértigo porque ya has demostrado que eres capaz de llegar hasta ahí y que todo lo que no sea volver a esa cota es un fracaso. Y eso es durísimo.

Las expectativas son muy altas y el temor cuando te vuelves a enfrentar a un objetivo es tremendo. Es como si ya no tuvieras un pequeño pretexto al que aferrarte. Un caso muy claro de lo que estoy hablando lo tenemos en Rafa Nadal. Es alucinante, después de tantos años en el alto nivel, de todo lo que ha conseguido y de lo que significa en el deporte, parece que si no gana —y, ya no un torneo, sino el más importante—, fracasa. Estuvo un año mal y le condicionaban para decir que se retirase.

El alto nivel es muy cruel. No permite que la persona atraviese un momento malo o una etapa de dudas. Hay que estar siempre muy arriba y no fallar nunca; y eso es muy difícil de gestionar, por no hablar de esa exposición pública de que se analice cada fallo.

Por eso, cuando dicen que lo difícil no es llegar sino mantenerse, yo no lo comparto. A mí me parece difícil todo, cada paso que se da en la vida hacia adelante es un mundo que suele ir acompañado de gran esfuerzo, porque, además, depende de muchas variables. Y parte del tiempo se trabaja en que esas variables se vayan reduciendo.

A veces, en estos años, he escuchado eso de que tenía mucha suerte porque no me lesionaba. Y es verdad, pero una verdad a medias. He tenido suerte de no pisar una piedra, que me torciera el tobillo y me hiciera un esguince, claro. Pero también es cierto que me dedico a poner los medios que están a mi alcance para que la suerte intervenga lo menos posible en mi objetivo. Para no lesionarme cuido mis hábitos alimenticios, mi descanso, voy al fisio... Hago lo que puedo para que la mala suerte no influya en mi resultado, pero creo que eso no es suerte, es trabajo. Es verdad que si vas a competir y pierdes el avión has tenido mala suerte, pero ¡si te hubieras levantado dos horas antes! tal vez no lo habrías perdido.

Es necesario anticiparse para que el azar intervenga lo menos posible.

17
Llegar lejos con un buen equipo

Mira a tu alrededor, a las personas que tienes cerca, con las que trabajas o piensa con las que te gustaría trabajar. ¿Quién te parece un referente? ¿Quién es capaz de crear un buen equipo?

En la vida laboral tendemos al individualismo y es un gran error. Si sabemos rodearnos de los mejores, nuestro trabajo va a salir siempre reforzado.

Y saldrá reforzado en primer lugar porque podrás aprender de esas personas con talento que tienes cerca. Va a ser un camino de crecimiento y no de estancamiento. Y en segundo lugar porque la suma de talentos hará que lo bueno se multiplique.

Es importante que organices un entorno en el que la confianza sea plena, que conozcas a todos los miembros del equipo, debes ser capaz de identificar los puntos fuertes y los puntos débiles de cada uno y, por supuesto, que no te importe que sean mejores que tú. Al contrario. A mucha gente le cuesta asumir que haya personas a su lado con más brillo que ellos, pero hay que rechazar esa idea.

José Luis Gómez Alciturri me contó una vez que él intentaba que toda la gente que trabajara en su equipo fuera más lista que él. Eso le garantizaba la calidad del trabajo y, además, se lo iban a facilitar. Cambia el chip y no pongas barreras para que los demás no desarrollen su potencial, porque lo único que estarías haciendo es poniéndotelas tú.

> **Perfiles buenos harán posible llevar a cabo objetivos más complejos y elevados.**

Así que no frenes a los demás. Es importante saber generar ese estado de confianza entre los miembros del grupo que trabajan juntos, que se coordinan. Todas y cada una de las personas son fundamentales para llevar a cabo el trabajo y para que se haga equipo. Es esencial crear esa confianza y que el ambiente de trabajo sea bueno.

En mi caso, cuando he estado en el más alto nivel, debía tener confianza plena primero en mí, pero también en todas las personas que formaban parte de mi vida y todas se tenían que sentir parte de mi equipo.

Si cada uno va a lo suyo, los talentos se difuminan y no se saca tanto brillo del trabajo. Al final, hay que concienciarse de que el individualismo nos hace perder a todos. La labor del líder es clave para que cada uno tenga su sitio y sea capaz de desplegar todo su potencial. Hay un objetivo común y, si destaca el equipo, lo hacen todos y cada uno de los integrantes.

Hay un ejemplo muy sencillo que a mí me gusta hacer con los equipos y que te animo a llevarlo a cabo. ¿Hasta qué punto confiamos en las personas que tenemos cerca? ¿Es una confianza real o confiamos solo con la boca pequeña? El ejercicio consiste en cerrar los ojos, ponerse de espaldas y dejarse caer para ver si esa persona en la que supuestamente confío me va a recoger antes de que acabe en el suelo. Es un ejercicio de verdad reconfortante, aunque cuesta, cuesta abandonarse, confiar en ese momento en el que dejas de tener tú el control sobre la situación y sabes que, si la otra persona no te respalda, no se hace con tu peso, te puedes hacer mucho daño. Y, además, ni lo ves ni tienes margen de maniobra.

Esa es la confianza. Cuando hacemos la prueba nos damos cuenta de que muchas personas tienen sus dudas, no se abandonan y echan un pie atrás. Es la demostración de que no confían de manera ciega en quien tienen cerca y eso se convierte en un obstáculo más para sacar el máximo potencial al equipo. Uno que debe estar cohesionado, fuerte y debe estar trabajado.

Los miedos, las dudas, el afán de protagonismo, la envidia, el ver que no evolucionamos tanto como otras partes del equipo, suelen suponer trabas. Hay que tener claro que el bien común es más importante que el individual, pero ya te he dicho que la clave para fusionar estas ideas y que funcionen es que haya un gran líder capaz de llevarlas a cabo. Muchas veces los equipos no funcionan porque no hay un líder en el que apoyarse y que los sustente. Confundirse y aprender de los errores es parte del camino, de ese engranaje que forma un equipo y que es fundamental para que crezca y evolucione. No hay perfección inicial, sino aprendizaje que se alimenta de la confianza.

18
ASUMIR LAS ETAPAS PASADAS

Haz el esfuerzo. Afronta el hoy. Di adiós al ayer. El futuro se construye sobre tu presente. El pasado hay que saber dejarlo ir, sobre todo cuando ha sido muy potente, muy brillante. En muchos casos se convierte en una condena porque las personas quedan atrapadas en él y son incapaces de evolucionar. Puedes haber sido grandioso, pero eso también prescribe, lo que importa es lo que eres ahora. Tus valores, tu capacidad para rehacerte en el camino, para reinventarte, para llevar a cabo esa R-Evolución y seguir creciendo y sorprendiendo. Los triunfos de alguna manera caducan y las marcas pueden ser superadas. Evita convertirte en una sombra poco atractiva de lo que en un momento de tu vida, de tu pasado, fuiste. Error.

El pasado forma parte de ti, pero no te ancles a él. En el mundo del deporte esto es común. Ha habido deportistas que se han pasado la vida hablando de sus medallas. Alguien que hace eso vive en el ayer sin querer avanzar. ¿Por qué les cuesta? Porque su mente sigue estando en lo que fueron. Todo el mundo evoluciona y hay que asumir que hay momentos en los que estás en situaciones óptimas, muy arriba y en la cresta de la ola, y otros en los que no. Puedes vivir etapas de más templanza, incluso instantes malos. Todos hay que asumirlos, forman parte de la curva de la vida, del aprendizaje. Es una cura de humildad necesaria para crecer. Los más grandes de siempre fueron humildes, aun cuando se encontraban en los momentos más intensos de sus vidas profesionales. De ahí su reconocida grandeza. En la caída la humildad tiene que ser nuestra compañera de viaje. Ese motor vital de buscar nuevas oportunidades, de cultivar tus habilidades, de seguir aprendiendo, de entrenar, de formarte, sea cual sea tu vida... Y de dar el cien por cien en tu día a día.

Hay deportistas que no saben gestionar lo que les viene el día después, y me refiero a ese día después, cuando de pronto caen en la cuenta de que les han sacado de la burbuja en la que llevaban viviendo mucho tiempo y ahora son uno más.

También hay muchas personas que en un momento concreto se ven triunfadoras. Pueden dar un pelotazo, tener poder, manejar situaciones muy explosivas, pero eso no tiene por qué durar siempre. Esa caída hay que saber reconducirla. Lo que queda es lo que siempre fuiste: tú. Tú y tu capacidad para recomponerte, para evolucionar y para crecer, porque tenemos todo por hacer, y perder eso de vista es rendirse ante todo lo bueno que nos viene. Es llenarse de una oscuridad terrible. Es estancarse.

Si eras un gran directivo en una empresa y te quedaste sin trabajo, tienes que hacer frente a tu nueva realidad y no quedarte atrapado en la historia sin saber evolucionar. Te puedes ver inmerso en el fracaso y en una gran frustración, para ello hay que reinventarse. La diferencia está en quien es capaz de innovar y hacer algo distinto y en quien se queda en esa espiral negra que le atrapa y le acaba por condicionar.

No podemos negarnos a esa evolución porque es como si quisiéramos mantener un ordenador antiguo que ya no es compatible con ninguna de las aplicaciones que necesitamos. Yo tengo un viejo Ipod que ya ni lo puedo conectar con el ordenador porque ni tan siquiera tiene la memoria suficiente para poder instalarle el *software* nuevo. Ahora, esta locura vital, no da opción: o te implicas y creces o te quedas obsoleto.

Yo era un corredor de diez mil y aquí fue donde conseguí mis mayores logros, pero el mundo no se acabó ahí. No puedo vivir de ese pasado siempre. La evolución consiste en atreverse, aprender e incorporar nuevas cosas y que el ayer sirva para implementar herramientas que nos hagan crecer hoy.

**Hay que seguir sacando partido
a lo que somos.
La brillantez de un momento no tiene por qué
acompañarnos a lo largo de la vida.**

19

LA DINÁMICA DE LA SONRISA QUE TODO LO PUEDE

Hemos hablado de optimismo, de sueños, de motivación… En mi discurso solo encuentro cosas que dan y elimino las que quitan. Soy un matemático al que le gustan los signos más y por. Sumar y multiplicar son buenas opciones.

> **Es conveniente que no formen parte de nuestro entorno las personas que no aportan o que hacen daño, las que no sonríen o las que no tienen sueños.**

Yo trato de rodearme constantemente de gente que me da energía. En esa búsqueda siempre he pensado que las sonrisas son clave y son maravillosas, aunque no solucionen problemas.

Una sonrisa puede llevarte a relajar tu rostro y esa sensación de relajación seguramente también te haga sentir bien;

sea una buena respuesta al quitar tensión. Pero no es tanto eso lo que me parece interesante como el poder que tiene la sonrisa en ti y de cara a los demás. Es un poder mágico.

Llevo toda mi vida saludando y sonriendo a la gente con la que me cruzo cuando corro. Al principio era un loco, pero me encantaba, me hacía sentir bien y experimentaba un momento de bienestar. Siempre he creído en el poder de la sonrisa. Que tú te levantes y vayas a trabajar o llegues a tu casa y sonrías a tus hijos, a tu pareja, a tus amigos, que exteriorices esa sensación de bienestar va a lograr que todos ellos se sientan mejor también. No sabes cómo, pero se consigue.

Como te he comentado en varias ocasiones, no solo soy partidario de ser optimista, también lo soy de fomentar un buen ambiente de trabajo. Cuando entras en una habitación y sonríes, inmediatamente contagias, y el que está al lado te devuelve la sonrisa. Lo negativo se transforma. Si llegas al trabajo y tu jefe saluda con un «buenos días» seco, apagado, tirante, se genera un mal rollo que, aunque en realidad no pase nada del otro mundo, el ambiente ya no es bueno.

> **El talante determina mucho la calidad del día y, por prolongación, de la vida.**

Haz el intento, prueba. Para de leer por un momento, piensa en algo bonito, algo que te haga feliz, y deja salir al exterior tu increíble sonrisa. Una sensación de bienestar inundará tu cuerpo. Lo bueno de esto es que los resultados los vas a ver enseguida, no tienes que esperar un tiempo. La sonrisa es mágica y lo es desde el primer instante. Si cambias tu actitud, si sonríes al mundo, el mundo también te sonreirá a ti.

Consejo: sonríe todo lo que puedas. No solo te va a hacer bien a ti, que está demostrado, sino que vas a hacer felices a los demás y les vas a facilitar la vida. Es tanto con tan poco que merece la pena al menos intentarlo, ¿no crees?

20
Debilidades que son fortalezas

Muchas veces tendemos a poner el acento en nuestras debilidades, hasta tal punto que dejamos que nos bloqueen y se hagan con nosotros. En lo que sea: a la hora de correr porque nunca lo hemos hecho o en llevar a cabo cualquier tarea. Y no debe ser así. Incluso podemos sacarles provecho si somos capaces de cambiar de perspectiva. Esto siempre se lo digo a la gente.

Yo tengo un hándicap. Si cualquier persona se pone una meta, empieza a trabajar, se propone un plan de entrenamiento, a nada que se esfuerce, que el planteamiento sea bueno y esté bien trazado, va a notar una evolución, va a convertirse en ese aspecto en alguien mejor de quien era. En mi caso no es así. Yo nunca voy a poder mejorar. Me explico. Me digo a mí mismo que he sido deportista de alto nivel, que tengo muchos kilómetros recorridos, que entreno todos los días, que sigo evolucionando y creciendo, pero que no voy a poder mejorar. Es curioso e incluso paradójico que siga con ilusión pensando en grandes logros cuando ya mi físico no es el que era. Tal vez por eso, después de haberme enfrentado a los mejores del mundo, ahora cualquier rival me parece menor y quizá el adversario que más me importa soy yo mismo. En ocasiones somos nuestro peor enemigo. He perdido el miedo. Ese es uno de los aprendizajes que me ha dejado el tiempo. Pensar en los demás en vez de en ti mismo es una de las cosas que más bloquea y es lo que hace que no seas capaz de desarrollar tu potencial, que no le saques rendimiento máximo.

Cuando empiezas a preocuparte por los otros, comienzan a florecer *ipso facto* los miedos, las debilidades, sobre todo en forma de temor. Dejas de mirar desde ti y empiezas a ver a través del resto de participantes.

Ya hemos dicho que los líderes son los que son capaces de generar por un lado empatía, solidaridad y provocar en los demás ese sentimiento de comprensión y confianza, pero, además, son los que lideran porque innovan, arriesgan, porque marcan la tendencia al ser capaces de hacer las cosas de distinta forma.

Cuando ya no te atreves y tienes que mirar a los enemigos para valorar qué es lo que están haciendo o cómo lo están haciendo, en ese momento pierdes la posición de líder. Tu potencial está en ti y en tu equipo, no quieras mirar por el rabillo del ojo lo que están haciendo los otros, porque perderás la fe en esa fuerza que te sostiene a ti.

Las imitaciones, las copias no son buenas. Y eso es así en una carrera y en la vida.

Yo ya estoy en la carrera de la vida. Mis competiciones son ahora también publicar un libro y sacar todos los meses una revista con la competencia que hay. Aunque haya etapas que se marchiten, debes fomentar otras habilidades que te ayuden a seguir dando los pasos para tu desarrollo. Recursos personales que te alimenten para continuar evolucionando. Así se hace en todos los ámbitos y hay que acostumbrarse a ello. Por ejemplo, si sabes que las series lácticas hacen que mejores en tus entrenamientos y si notas que te funcionan, intégralas. Lo mismo ocurre en el periodismo: si la tendencia actual es maquetar con ilustraciones las revistas, tienes que estar pendiente de esos cambios como materia viva que es la propia vida. Si no, estás muerto o te has rendido.

En el ámbito deportivo sucede igual. En tu caso puede ser una fortaleza que puedas disfrutar, a pesar de que la primera idea que se haya construido en tu cabeza es la de una debilidad. Cuando te propones un objetivo, comienzas a entrenar y notas que avanzas, te da una sensación de bienestar que es motor de cosas buenas. Y solo de cosas buenas. No lo dudes y ponte a prueba.

21

La familia, palabras mayores

Para los deportistas otro momento de dudas es en el que aparecen elementos que no dominamos o cualquier cosa que esté fuera de nuestro control, y uno de ellos es la familia. Nosotros tendemos a controlar todo: cómo entrenamos, cómo descansamos, cómo nos alimentamos… Todo está pautado para llevar al cuerpo lo más organizado posible y al límite de nuestro desarrollo. Lo que le pudiera afectar nos pone nerviosos, nos desestabiliza.

Los cambios pueden ser buenos o malos. En mi caso la paternidad ha sido extraordinaria. He podido estar mucho con mis hijos desde el parto hasta hoy, y ellos han integrado con normalidad mis hábitos. Siempre han visto a su padre entrenando, descansando, sin beber alcohol, compitiendo. No tienen otra realidad de mí. Para ellos lo más normal es que me coma un barreño de fruta y que en pleno invierno salga de la sauna y me meta en la piscina fría. Pero eso es ahora, porque al principio dudé de lo que supondría ser padre; sin embargo, tuve la fortuna de contar con mi mujer, que me ayudó a regular las horas de sueño, las noches, que era el principal inconveniente que me podía desestabilizar para que pudiera seguir entrenando.

Mis tres hijos también han sido una motivación y tengo la suerte de que me han visto competir y ganar medallas. Paula fue Atenas; Daniela, Barcelona; y Nico, Gotemburgo.

La vida del deportista está tan estructurada que hasta Nuria y yo tuvimos que organizar la paternidad. Cuando Paula nació estaba preparando las Olimpiadas de Atenas. Me fui a Tokio a competir en febrero, debía hacer una marca más o menos normal para clasificarme y tenía que correr la maratón. Disfruté de una experiencia increíble, porque allí los maratonianos son como dioses. Tenía cuatro o cinco personas que me proporcionaba la organización solo para mí, para que no me faltara de nada —de hecho, Nuria, mi mujer, me llamaba al hotel y le decían que no le pasaban la llamada porque estaba descansando—.

Por aquel año, 2003, era de los atletas con más proyección del mundo en maratón, porque siempre estaba por delante con los africanos y se esperaba mucho de mí.

Fui a Tokio y la primera parte de la carrera corrimos a cambios de ritmo. Hasta el kilómetro treinta fui más o menos bien, en el treinta y dos se hizo la oscuridad y a partir del treinta y cinco miraba al suelo, levantaba la vista —veía un edificio al fondo donde estaba la meta— y seguía en el mismo lugar. Yo no me acercaba, era como si estuviera corriendo en una cinta, no avanzaba. Fue uno de los muros de los que te he hablado antes que más me costó superar. Creo que hice dos horas once minutos, que no está nada mal. Cuando terminé no era capaz ni de subir el peldaño de una acera, no podía alzar la rodilla. Lo pasé físicamente muy mal.

No me clasifiqué para los Juegos porque no hice lo que tenía que haber hecho, y esto a Nuria, que estaba embarazada, desde casa con todo el estrés, los nervios, la ansiedad, le provocaron el parto. Estaba de treinta y una semanas y Paula ya estaba lista para salir. Mi mujer estuvo un mes ingresada y mi hija nació a las treinta y cinco semanas.

La parte deportiva condiciona también la familiar.

A mis hijos les he inculcado el amor por el deporte desde siempre —la mayor nada y a Nico le gusta la pértiga—. Yo antes pensaba que en el alto nivel el deporte era traumático y nada saludable, pero me he dado cuenta de que no es así. Tengo cuarenta y ocho años y estoy bastante más sano que gente de mi edad a muchos niveles, también de actitud ante la vida, de afrontar los desafíos y de pensar en hacer cosas y no querer vivir del pasado. Construyo el futuro con base a lo que hago hoy. Para lo único que me gusta el ayer es para que cuando cuento las cosas —por ejemplo, en charlas de motivación— lo argumente con hechos y no con palabrería, con verdad de lo que he vivido, sufrido y experimentado en mis carnes a lo largo de estos años. Sin embargo, en mi casa no hay una sola medalla expuesta, ningún trofeo. No lo necesito. No me gusta esa exhibición. Creo que las medallas, que

los éxitos, son otros. Me interesa más lo que dejan en el carácter, lo que se aprende para llegar a ellos. Lo que hay que
esforzarse y las muchas derrotas, los esfuerzos que hay detrás
de cada una de esas medallas. Las muchísimas veces que he
tenido que levantarme, a pesar de que creía que no podría
seguir adelante. Y, de pronto, llegaba la recompensa. Por eso
valen tanto, por eso se disfrutan. Si las cosas no costaran, no
tendrían valor. La sociedad tiende a proyectar el éxito como
una forma de vida y para mí no lo es. Es un camino más
profundo y verdadero. Y la familia es una pieza clave en el
desarrollo y evolución, es el mejor equipo, el pilar y el gran
apoyo.

22
NIVEL DE EXIGENCIA

No hay que perder de vista este concepto: el nivel de exigencia que tenemos con nosotros mismos. A veces es tan exagerado, tan elevado, que no nos permitimos disfrutar del presente, de las cosas conseguidas, que pueden llegar a ser todo un mundo. Les restamos importancia porque no se ajustan con exactitud a lo que habíamos pensado, soñado o verbalizado. Es un error. En ciertos momentos, incluso en los *tops,* yo no los supe saborear. Por ejemplo, como cuando quedé campeón de Europa. Se me fue toda la noche despierto y entré en bucle a repasar una y otra vez la carrera. No me tomé ni una copa.

Esa es la realidad. Saboreas el instante, o lo intentas, acaricias el éxito, porque te ha costado mucho sufrimiento llegar hasta él, pero en ocasiones esa felicidad es un pellizco porque al día siguiente ya tienes la cabeza puesta en la próxima carrera. Va todo demasiado rápido. También la vida.

> **Dedicamos poco tiempo a valorarnos cuando conseguimos algo; en cambio, cuando fallamos, parece que la herida es mucho más honda.**

Me he percatado de lo rápidamente que han pasado algunas cosas e intento enseñárselo a los demás. Es muy común que preguntes a alguien por cómo le ha ido determinada prueba y que su respuesta sea: «He hecho marca, pero...». La reflexión es: si has hecho marca, en verdad no has corrido así en tu vida. Has conseguido el objetivo y no sabes si lo vas a volver a repetir. Así que disfrútalo, porque es probable que para llegar hasta allí hayas hipotecado muchas cosas y otras tantas se te habrán quedado en el camino. Así que no lo pases tan ligero. Detente. Haz una cámara lenta, recréate, pon en valor lo conseguido y, por supuesto, ponte en valor tú por haber sido capaz de llegar hasta donde lo has hecho. Y eso que no me gusta hablar de sacrificio, porque es un concepto que lleva implícita la renuncia, y no lo siento así. He elegido una forma de vida que implica determinadas cosas. Creo que pasa con todo. Ya sabes, eliges una puerta y a su vez se cierran otras. Si lo asumes como tal, no te oprime esa sensación de estar sacrificándote.

Yo sé que mi camino es duro, que tiene una serie de condicionantes, que me exige vivir con el cansancio pegado al cuerpo, porque estoy poniéndolo al límite todos los días de mi vida. Pero es así. No recuerdo un solo día en el que no haya estado cansado. Sin embargo, eso no significa que no fuera a entrenar, eso no significa que dejara a mi cuerpo disfrutando de los dolores, del agotamiento. Fui exigente de nuevo con él. Pero es verdad que después lo introduje en agua fría, a cinco grados, una locura que me corresponde a mí, pero que ya forma parte de mi carácter. Así nos reseteamos juntos. Cuerpo y mente. Y volver a empezar, porque al día siguiente el mundo comienza otra vez. No me conformo. Siempre he perseguido la excelencia.

¡De algo tiene que servir todo lo aprendido! Ese bagaje es un tesoro del que tenemos que sacar partido para mejorar cada versión, nunca para darnos por vencidos.

23

Gestión de la mochila

En esta última etapa, y ahora que te he contado que me he metido en nuevas aventuras y pruebas como los ultras, he tenido que desarrollar a su vez otras habilidades que son aprendizajes de vida. Entre ellas, hacer una mochila. Pero no una cualquiera. Una mochila para sobrevivir durante una semana. Es con la que voy a cargar, es el peso que va a tener que soportar mi cuerpo mientras corre, mientras compito, con lo cual, es decisivo que ese peso que arrastro no sea excesivo porque si no puede afectarme muy negativamente y hacer que acabe la semana reventado, además de otras partes del cuerpo con las que ya cuento, también con los hombros y la espalda por el peso.

En esa mochila va mi alimento, mi cama, mi abrigo, mi ropa, mi higiene, mi vida durante siete días. Es una lectura de aquello que de verdad necesitamos y de lo que podemos prescindir. De lo que es prioritario, imprescindible.

Sé que mi mochila tiene que pesar alrededor de diez kilos para que las cosas se desarrollen dentro de una normalidad. Una normalidad aparente en ese desgaste tremendo que supone este tipo de pruebas en las que se corren doscientos cincuenta kilómetros. Tengo que llevar cierto material obligatorio y la comida suficiente para abastecerme esos días, ropa para poder cambiarme —o no—, toallitas para poder limpiarme —ya que sé que no me voy a duchar—, decidir si llevo un par de calcetines, tres o ninguno, decidir cuántas kilocalorías llevar, sabiendo que si acarreo más peso, me va a condicionar el ritmo, y si cargo menos, voy a pasar hambre y puede faltarme energía para ir rápido.

Esa mochila se convierte en tu mejor amiga. Y es tu caravana, tu hogar, donde llevas lo necesario para una competición de esta clase que es de máxima exigencia, que eres tú y todas tus habilidades internas y externas que te entren en la mochila. Son doscientos cincuenta kilómetros en condiciones malas, cruzando ríos, junglas...

En la primera aventura —como siempre cuando empezamos algo— me pasó de todo. La mochila la cargué demasiado y me dolieron los hombros, la espalda, todo me vino grande menos la mochila, que se me hizo muy pequeña. Después de una experiencia como esta me di cuenta de que se puede pasar hambre y se puede llevar el cuerpo al límite; descubrí que estaba preparado para aguantar situaciones más extremas de lo normal, más de lo que pensaba, que podía dormir en el desierto en el suelo y vivir con condiciones mínimas, que con solo unos calcetines se sobrevive durante una semana y no pasa nada; que se puede usar una camiseta para competir y otra muy ligera para después; descubrí que todo ha evolucionado mucho —hay pantalones que pesan menos de cien gramos—, me puse en contacto con un mundo que desconocía y del que he aprendido mucho.

Hacer una mochila para este tipo de competición sigue siendo para mí un gran desafío, porque tengo que saber muy bien lo que voy a ser capaz de hacer, el riesgo que asumo cuando dejo de llevar comida —si no llevo proteínas no me voy a recuperar bien; y si las llevo, voy a incorporar peso—. Tengo que tomar decisiones y estas están entre lo vital y lo importante.

Para mí el café es vital y me lo llevo en sobres, no lo son los cereales del desayuno —no los meto—. Tengo que llevar al menos una comida liofilizada —vital—, porque si no, no tengo energía y necesito las kilocalorías que me dan. Hay corredores que se llevan jamón o algún tipo de comida para el alma, yo no. Tengo que ser lo suficientemente fuerte para que no me condicione si no tengo ninguna gratificación en la etapa del día. Creces mucho como persona, porque estás en situaciones extremas, muy expuesto y en aprendizaje constante. Te das cuenta de que no pasa absolutamente nada porque no tome ni una barrita ni porque no tenga recompensa. Lo será que al día siguiente vaya a enfrentarme a un nuevo reto y pueda mantener ese estatus, esa motivación.

Por eso la mochila pasa por la gestión de los riesgos que quieras asumir, y todo tu mundo se centra en la construcción de ella, que es la que te va a dar cobijo y sustento durante el tiempo en el que asumes que vas a dormir en el suelo, no te vas a duchar y vas a pasar frío.

> **La mochila no deja de ser, como los muros, una metáfora de la vida. Te desprendes de todo, te despojas de lo accesorio y te obligas a hacer una selección de las cosas imprescindibles y vitales, y sobrevives con unos mínimos.**

Te da una perspectiva muy enriquecedora cuando pasas por una experiencia de este calado. Valoras mucho la normalidad y tienes claro qué es lo que de verdad necesitas. Le quitas importancia a cosas que haces habitualmente. Estar sentado en un campamento conviviendo con personas de otras nacionalidades y ver que lo están pasando mal y se superan, y pasan los obstáculos, y se sobreponen. Hay muchas lecciones de vida detrás de cada historia y mucha estrategia también. A mí me encanta a pesar de la dureza.

Ha habido competiciones en las que tenía rozaduras, ampollas, que me moría de dolor... Pero a su vez entraba en la estrategia de la competición y no quería que los rivales supieran de mi agotamiento, porque si lo conocían, me iban a machacar en la carrera. Uno no puede mostrar la debilidad, así que aprendes hasta a ¡cuidar las apariencias! Y a mantener una especie de coraza.

Remontar el dolor físico es difícil, se supera por el deseo, y creo que para afrontarlo me ha servido el alto nivel. Ha habido competiciones en que quería llorar y no tenía ni fuerza para ello, me he encontrado muros en algunas maratones que han hecho que me hubiera gustado llorar de la rabia de no tener energía para seguir y ni tan siquiera era capaz. Estaba vacío, hueco, pero he aprendido a convivir con el dolor, porque es una respuesta del organismo ante determinadas situaciones.

Mi umbral de dolor es muy alto, y cuando me quejo es que estoy en unas cotas muy elevadas. Hay personas que con un esguince se inmovilizan y no se mueven; en mi caso yo he seguido entrenando; eso sí, con sufrimiento. He interiorizado las sensaciones de dolor, conociéndome para saber dónde estaba el límite de mi cuerpo. Quizá por eso puedo asumir este tipo de retos e implicarme de esa manera. Si puedo llegar a tolerar hasta el diez de dolor, si tengo un tres o cuatro puedo funcionar casi con cierta normalidad. El dolor se llega a entrenar. Y luego hay que recuperar el cuerpo.

Recuerdo que en Perú, en una carrera de supervivencia por etapas, cuando acabé la más larga —que era el segundo día y que quedé creo el segundo o tercero— no sé ni cómo llegué a la meta. Si hubieran sido treinta metros más, te juro que no lo hubiese logrado. No me podía ni mover, no conseguía ni andar. El desgaste había sido demoledor. Durante un minuto sentí que el cuerpo me había dicho basta y ya no me respondía. Al día siguiente tenía jornada de descanso y luego me quedaba otra etapa más de veinticinco o treinta kilómetros.

La capacidad de trabajo es tan alta y has entrenado tanto —a base de esfuerzo— que luego lo ves en la recuperación. Sorprendentemente el cuerpo responde porque está acostumbrado a reponerse entrenando de nuevo.

Para una persona normal hacer una maratón un día y al siguiente salir a correr es una locura, pero para nosotros es nuestra cotidianidad. Llevo toda la vida haciendo lo mismo. El día después de competir se entrena también, forma parte de la rutina, aunque sepas que te va a doler. Quizá cambias un poco el tipo de trabajo y la intensidad, pero entrenas. Acabas un objetivo y estás pensando en el que viene. Esa es la pauta.

Hace muchos años yo terminaba de competir y me tomaba dos semanas en las que paraba del todo. No hacía nada. Vacaciones en toda regla de desconexión y descanso. Luego me di cuenta de que cuando comenzaba a entrenar tenía que estar otras dos o tres semanas hasta que el cuerpo se iba adaptando, hasta volver al punto de partida. Entonces lo que empecé a hacer fue reducir las vacaciones primero a diez días, luego a una semana y al final hacía un descanso activo, porque era peor parar que no continuar. Para mi cuerpo, claro, para mi mente era complicado porque no desconectaba nunca y tenía que ser capaz de salir de situaciones difíciles en poco tiempo y desarrollar la capacidad de gestionar esos malos resultados, y poner el foco en los nuevos objetivos para convertirlos en energía. Canalizar la frustración y modificarla para que fuera la catapulta para la nueva meta.

En la actualidad ha cambiado un poco la organización de las temporadas. Antes podías tener más paciencia para alcanzar objetivos y ahora se exige tener resultados a corto plazo. Pasa igual en las empresas por la propia evolución de la sociedad que tiende, en cierto modo, a la crueldad. Somos muy «resultadistas» y lo queremos todo y ya. Yo considero que el corto plazo es necesario, pero para construir, para que las cosas tengan solidez y futuro, hay que ir a medio y largo plazo. El pladur está bien, pero si es de cemento siempre va a ser más duradero, más estable. Crecer y evolucionar, pero con buenas bases. El corto plazo tiene el riesgo de que las estructuras sean endebles y poco seguras y, al final, cuando llegan las dificultades, no estamos lo suficientemente preparados.

24

Las espirales negativas

La manera de construir y crecer va a depender de cómo hayamos gestionado los malos momentos en la vida. Es importante ver cómo lo hicimos y si fuimos capaces de salir reforzados de una determinada situación para crecer en la siguiente oportunidad. O de convertir un fracaso, una piedra en el camino, en una nueva ocasión de mejora.

Cuando aparecen las espirales negativas nos debe servir de aviso o de alarma de algo que ya hemos vivido, por lo que ya hemos pasado, y que, por tanto, deberíamos saber gestionar o al menos identificar de alguna manera.

La primera espiral negativa siempre es complicada, porque es la que tenemos que aprender a reconocer, digerir y manejar. Es en la que debemos desarrollar las herramientas necesarias para dar la vuelta a la situación. Es decir, andar y desandar el proceso entero por primera vez. El punto de inflexión puede ser simplemente saber que estamos metidos en esa espiral y tener la voluntad de dar un paso al frente para salir de allí.

En el deporte hay herramientas que son muy claras. Cuando veas que tu cuerpo no se encuentra bien, desarrolla estrategias mentales y trabaja el cerebro para engañarlo. En cuanto al físico, has de ser capaz de entrenar esos momentos puntuales con los que te vas a encontrar. Revisa tu objetivo de acuerdo a tu perfil, a tu potencial, a tu forma, y encuentra un equilibrio entre todas esas partes.

Para frenar esa espiral negativa fuera del ámbito deportivo lo fundamental es asimilar que estás metido en ella. La primera vez lo más normal es que necesites ayuda, porque es raro saber salir de ese embrollo solos —ya hemos hablado de esas setenta y dos horas que se necesitan para digerir un fracaso—. En este caso la espiral negativa nos consume porque está fuera de nuestro control, por eso a veces es necesario tener algo o a alguien que nos ponga el foco fuera y que active los mecanismos de defensa para parar y transformar esa espiral. En un primer momento no podemos aspirar a cambiarla, a que de pronto pasemos de un estado de escasez o vacío a uno de plenitud; son procesos lentos cuando tratamos las emociones. Solo con identificarla ya es mucho. Para ello se requiere tiempo y paciencia, y esto es clave en la vida.

Al final todo va a depender de nosotros, de que seamos capaces de activar los mecanismos mentales. Si lo ves todo negro, va a estar siempre negro; si eres capaz de transformar ese negro en gris, habrás dado el paso para que te replantees los objetivos.

Una de las cosas que funcionan muy bien cuando estás en esa situación es proponerte objetivos que puedas ir cumpliendo y que vayan alimentando la situación para devolverte la ilusión en otro camino. Para salir de esa ofuscación que te está bloqueando, deja de plantearte metas a largo plazo.

Es necesario abrir nuevas ventanas, por muy pequeñas que sean, para tener un nuevo presente y un prometedor futuro.

25
EL CAMINO DEL ÉXITO

Del éxito se habla casi tanto como de la felicidad. Ya lo hemos tratado en varios capítulos. Pero ¿qué es realmente el éxito? Para cada persona es distinto y en verdad lo debe definir cada uno. Para ti puede ser ganar dinero y para el que tienes al lado quizá es tener tiempo libre o formar una familia. Es tan versátil que es complicado valorarlo. Yo diría que es una satisfacción personal plena.

Tal vez el éxito en el deporte sean las marcas, las medallas… Es más tangible, aunque luego tiene esas cosas curiosas como que si llegas en cuarto lugar ya no hay éxito, e igual te ha separado del tercero solo una décima de segundo.

En la vida el éxito no siempre es cuantificable, no siempre son matemáticas, más bien depende de lo que uno mismo defina que es.

A mí hay una definición que me agrada mucho que es poder hacer lo que te gusta, quizá porque es el mejor camino. El tiempo se pasa con una sonrisa si estás disfrutando.

En mi carrera he tenido recompensas que me han dejado palpar ese éxito, como ha sido el cariño de la gente. Por eso, a pesar de las marcas, de las medallas, de haber ido a unos Juegos Olímpicos, si cierro los ojos, uno de los momentos que más me ha marcado fue esa San Silvestre en la que estuve muy lejos de ganar, ya te he contado, pero donde todo el mundo coreaba mi nombre al entrar al estadio. Disfrutar ese momento era el éxito. Sin más.

> **El éxito es muy personal y muy íntimo, pero aquello que nos hace sonreír, que nos aleja de la frustración, debe parecerse mucho a lo que es lograrlo.**

Me encantaría decirte que existe una senda perfecta para dirigirte al éxito, que si tomas la segunda a la izquierda y después la primera a la derecha, zas, llegas justo a él. Pero no. No hay pócima, ningún mapa ni isla del tesoro. Todo depende de ti y de cómo persigas tus sueños. Si hay una clave, esa es la mente para hacerte diferente a la hora de manejar las dificultades y no conformarte con lo que está bien, sino con la excelencia.

Sé capaz de superar el obstáculo y, si te encuentras un hoyo, da con el secreto que te haga allanar el camino, resuelve los conflictos para que el esfuerzo dé sus frutos. Porque detrás de todo está el esfuerzo, lo que tú seas capaz de entregar para conseguir aquello que deseas. Y de tu capacidad mental para gestionar aquellas dificultades que sí o sí te vas a encontrar en el camino. Eso es lo que realmente te va a diferenciar del que tienes al lado.

> **Intentar buscar o conseguir el éxito es un buen motor vital.**

No tener miedo a conseguirlo y, por supuesto, no tener miedo a cometer errores, ya que el error es humano y nos va a acompañar a lo largo de nuestra vida, forma parte de nuestro aprendizaje y será clave para nuestra evolución. Debemos transformar los fracasos en nuevas oportunidades, no es malo no conseguir un objetivo, lo malo es no aprender nada de nuestros errores, y saber gestionarlos nos permitirá convertir esos fracasos en alicientes para posibles nuevas metas.

He tenido muchos fracasos, he cometido muchos errores, y gracias a eso he conseguido ser lo que soy, forman parte de mí, de mi evolución, de mi aprendizaje, cada error, cada fracaso se puede convertir en una catapulta que te impulse al siguiente reto, que te haga más fuerte para conseguir tus metas.

No tengas miedo al éxito, ni tampoco al fracaso, ni temas cometer errores, todo es parte del camino, asume y gestiona la derrota, los errores, el fracaso y por supuesto el éxito.

26

La importancia de crear
una marca personal

En este nuevo mundo, en este día a día en el que estamos tan expuestos y en el que hemos evolucionado tanto, es importante crear una marca personal que nos defina. Es nuestra tarjeta de visita.

En mi caso empecé a trabajar mi marca personal hace muchos años, pero fue sin quererlo, más de modo intuitivo que intencionado. Primero por la manía que te he contado antes de raparme el pelo durante los años que estuve compitiendo en el alto nivel, que hacía que se me identificara con mucha facilidad en la pista, y luego con otras cosas de las que en ese momento no era consciente. Por ejemplo, los manguitos con los que competía; creo que también, en un ámbito que responde más a una filosofía, por esa manera de salir siempre a correr con el corazón, a pelearlo hasta el final. Lo hacía sin saber. Eran unos valores de Chema Martínez que ahora me sorprenden. Ese entrenar sin límites que hoy forma parte de mi marca, porque como he soñado a lo grande, ahora me atrevo con casi todo, a pesar de que soy consciente de los límites. Es más, me da mucha rabia cuando se vende la idea de que las personas podemos hacer todo lo que nos propongamos, que los límites no existen, porque no es verdad. Claro que hay límites, pero con esfuerzo y dedicación se pueden conseguir muchas cosas y muchas más si lo que te planteas son objetivos realistas de acuerdo a quién eres y tu momento vital. Si eres honesto en este sentido, te evitarás mucha frustración y los problemas derivados de ella.

Ya te he dicho antes que empecé a trabajar mi marca de manera intuitiva, y creo que con el tiempo la he ido complementando con aquello que me representa: la actitud positiva, la capacidad de trabajo, el esfuerzo y la disciplina. Son los valores que tengo y que he implementado en mi vida durante todos estos años. Tanto es así que he llegado a aportar a mi marca un *claim* que me representa, que es el «no pienses, corre», que fue título de un libro y que sigue siendo mi filosofía de vida.

> **Debemos ser capaces de exportar al mundo nuestra mejor versión.**

Yo suelo hacer una pregunta porque me parece que al responderla esto nos ayuda a marcar las directrices de esa marca personal que es la que nos representa, y es: ¿dónde te ves dentro de diez años?

Si no lo sabes, es más difícil construir algo que se mantenga en el tiempo. En mi caso siempre me veo corriendo y ganando. ¿Y hasta dónde? Hasta el infinito. ¿Con sesenta años? Sí, por eso puedo seguir construyendo en el mundo del deporte, porque dentro de diez años me veo corriendo cada día e intentando hacer algún objetivo, alguna locura que me haya propuesto. Esa es mi victoria. ¿Cuál sería la tuya?

La victoria la consigue quien persevera hasta conseguir sus sueños.

Seguir creyendo en nuevos retos, en nuevos objetivos, eso para mí es ganar y dar la mejor versión todos los días del año. Que ya es mucho decir.

Piensa qué te gustaría hacer, cuáles son tus motivaciones. Esas pequeñas cosas son las que te ayudarán a construir tu marca personal, a definir cómo quieres que te vean los demás y cómo te sientes cómodo. En ese equilibrio, entre esas coordenadas, se debe mover tu marca personal.

27
LA R-EVOLUCIÓN

Ya estamos llegando al final. Y quería contarte que, acercándome a esta versión mía 5.0, no me podía ni imaginar que el paso del tiempo me diera esta fuerza mental. Yo, aquel chaval que en su primera carrera importante se vino abajo y se paró en seco antes de admitir una derrota. Ahora creo que me he convertido en alguien rocoso, pero yo no era así, no era un tipo fuerte. Me quedo con una lección aprendida: y es que si quieres, puedes construirte con solidez; si crees en tu potencial y en tu talento. Puedes crear a una persona fuerte, a alguien físicamente potente si pones empeño. Venciendo las dificultades que aparecen en el camino seremos capaces de generar una fortaleza mental brutal.

Ahora hago carreras de cien kilómetros, duermo en el suelo, paso hambre y al día siguiente afronto una nueva etapa sin apenas energía. Esto antes para mí era impensable y ahora, sin embargo, lo hago. Y me siento feliz, porque me he dado cuenta de que soy capaz de hacer muchas más cosas de las que creía. Y de que las posibilidades no es que sean ilimitadas, porque eso es mentira, pero sí que hay muchas y que van cambiando según nuestra etapa vital.

> **Hay que estar dispuesto a explorar los caminos, a arriesgarse y a ponerse al límite. A aprender, a evolucionar y a no dejarse condicionar por lo ajeno.**

No hagas caso a los patrones que te intentan adjudicar. No es cierto que conseguirás ser un buen deportista si has nacido en una casa de deportistas. La mía no lo fue, ya te lo he contado. Tampoco es necesario nacer en una casa de informáticos para acabar programando *software*. Seremos lo que nuestro talento y esfuerzo, nuestras ganas y habilidades por querer superarnos nos deje avanzar. Todo depende de nosotros. Esa es quizá la moraleja.

Quién me iba a decir a mí que me entregaría con el corazón cada vez que pisaba una pista, dándolo todo, sin medirme. He tenido que aprender a gestionar los malos resultados e integrarlos hasta convertirlos en buenos, y no vivir de los éxitos, sino ir actualizando siempre la versión de mí mismo en busca de la mejor. Es la única manera de crecer. Y no renunciar a los objetivos, porque cuando encuentras límites, tal vez solo has dejado de estar en el lugar correcto. La búsqueda es continua, de ahí que la vida nos obligue a una R-Evolución constante. ¡En ella vivimos!

Yo necesito seguir creciendo. Necesito superarme, avanzar por ese camino que me he marcado y que no sé dónde me va a llevar. Sigo necesitando dar lo mejor de mí cada día. Cuantos más estímulos, más experiencias y más historias me ponga la vida, más depurada será esa nueva versión de mí que me haga sentir satisfecho. No digo no a los retos porque me hacen sentir vivo.

Siempre he soñado a lo grande y lo sigo haciendo.

No te olvides de que este loco mundo no deja de girar.

EPÍLOGO

Y sin que nos diéramos cuenta, se presentó la COVID-19 y nos puso a prueba.

Si has llegado hasta aquí, ya sabes lo importante que es la actitud, la relevancia de generar energía positiva y ese maravilloso don que tiene de reproducirse y multiplicarse hasta lograr convertirlo en una herramienta de superación. Si has llegado hasta aquí, hemos recorrido un gran camino juntos. Como juntos y separados nos han obligado a caminar en el desafío mayúsculo de la COVID-19 que apareció en nuestras vidas para llenarlo todo y dejarlas sostenidas en el tiempo como nunca antes había pasado.

Primero fue la etapa del confinamiento. La recordaremos. Fue aquella en la que tuvimos que descubrir cómo vivíamos y dónde queríamos ir. Fuimos capaces de aguantar las distancias entre las personas que amamos, llenar las horas y reinventarnos dentro de nuestras cuatro paredes... Luego nos esperaba la otra etapa, un nuevo comienzo de esta sucesión de desafíos para los que no nos habían preparado. Y todo esto, de alguna manera, salvando las distancias del dolor y la pérdida me recuerdan al día después. A ese que sigue a una maratón en la que te has entregado en cuerpo y alma, después de muchos entrenamientos, de darlo absolutamente todo.

La energía ha sido la que te ha impulsado a llegar hasta ahí, la que te ha hecho superar las dificultades que han ido apareciendo en el camino, la amargura de esos muros... Todo. Y has llegado a la meta. Increíble. La sensación de lograrlo es impagable, por el esfuerzo, por el inmenso reto que supone. Tu cuerpo está exhausto, tu cabeza también. La entrega ha sido total y estás reventado. Casi diría que la única idea que invade tu mente es la incapacidad para volver a correr. ¡Ni loco! Te sientes vacío por el esfuerzo, la emoción, los dolores que invaden tu cuerpo. ¡Hasta aquí he llegado! Meta y *stop*.

La realidad viene a ser otra. Hay que avanzar. Para eso están las herramientas que ya hemos aprendido. Después de la ducha en casa el cuerpo poco a poco empieza a ser otro, y a las veinticuatro horas alguna neurona de tu cerebro puede empezar a procesar un atisbo de ilusión con la idea de retomar una nueva meta. Es muy probable que a las cuarenta y ocho horas, a pesar de que sigas dolorido, vuelvas a pensar en una nueva aventura, porque no deja de ser la manera de seguir vivo. La ilusión y los objetivos son los que nos mantienen en pie a pesar de las dificultades. También después del confinamiento.

Demostramos fortaleza en todos y cada uno de los momentos y a ella debemos aferrarnos para seguir haciendo este camino. Las cosas ocurren, en nosotros está cómo queremos que ocurran.

Emprendamos con energía la siguiente etapa, la nueva meta, el próximo objetivo, y aunemos fuerzas porque, si algo hemos aprendido, es que juntos somos más fuertes.

www.ingramcontent.com/pod-product-compliance
Lightning Source LLC
Chambersburg PA
CBHW032056020426
42335CB00011B/361